U0114372

博客思出版社

淒美以色列

從哭牆到阿拉法特大院

Israel

邢協豪(行寫好)\著

✡ 我的旅行路線圖：東南西北畫個圈

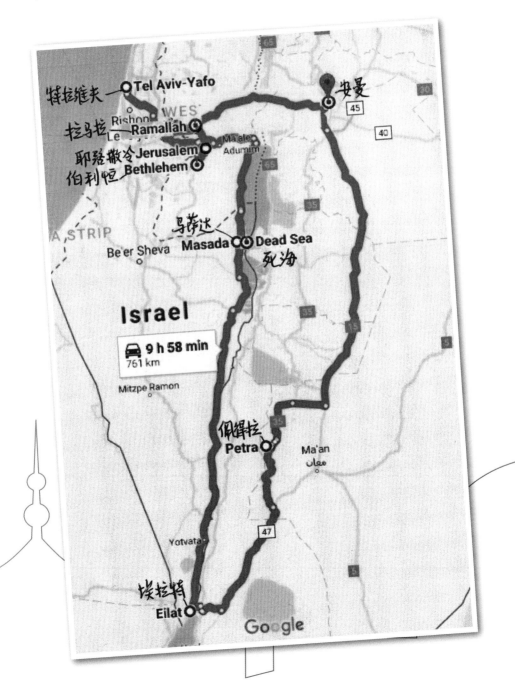

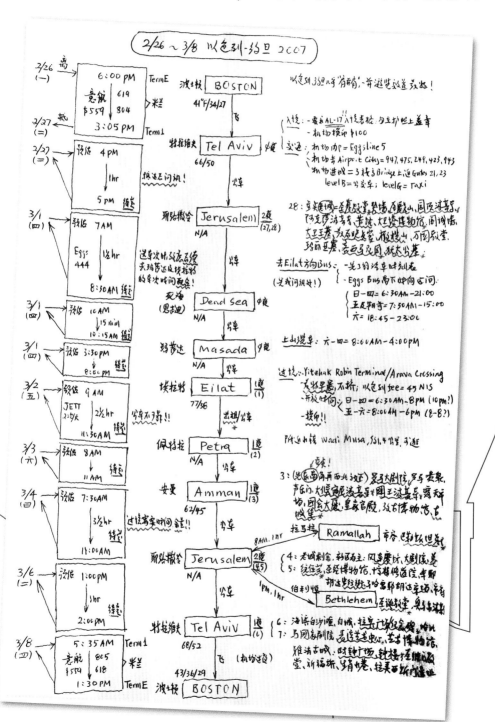

2/26～3/8 以色列‧約旦 2007

2/26 (一) 高
6:00 PM TermE 波士頓 BOSTON 41°F/34/27
意航 619 $559 804
3:05 PM Term1

2/27 (二) 抵
特拉維夫 Tel Aviv 66/50

2/27 (二) 預估 4PM 1hr 5 PM 變
颗逛在问讯!

3/1 (四) 到达 7AM Eggs 444 1½hr 8:30AM 變
耶路撒冷 Jerusalem 2夜 (27,28) N/A

3/1 (四) 预估 10AM 15 min 10:15AM 變
死海(恩起迪) Dead Sea N/A

3/1 (四) 致估 3:30PM 3:60PM 變
玛萨达 Masada N/A

3/2 (五) 發估 9AM JETT 2½/天 2½ hr 11:30AM 變
埃拉特 Eilat 77/58

3/3 (六) 预估 8AM 11 AM 達
佩特拉 Petra N/A

3/4 (日) 發估 7:30AM 3½ hr 11:00AM 轉接
安曼 Amman 62/45

拉马拉 Ramallah 8AM,1hr

3/6 (二) 预估 1:00PM 1hr 2:00PM 變
耶路撒冷 Jerusalem 2夜 (45) N/A 1PM,1hr
伯利恒 Bethlehem

特拉維夫 Tel Aviv 68/52

3/8 (四) 5:35AM Term1 意航 805 $554 618 1:30PM TermE 波士頓 BOSTON 43/36/29 飞 (机场税)

以色列‧約旦随時'有警報'，并避免觉逆道發料!

入境: 要在AL-17入境表格, 勿立护照上盖章
- 机场税 $100
交通: 机场内 = Egged line 5
- 机场至 Airport City = 947,475,249,423,943
- 机场进城 = 3楼8通 Bridge上道 Gates 21,23 level B = 公交车; level G = Taxi

28: 亚美尼亚-全屋 医药装 情戏山, 园庭球等
阿克萨清真寺, 黄德, 埕墙 进物馆, 围城嶺
大卫王塔, 救恩堂与安, 橄榄山, 万国教堂.
玛利亚圆, 去西马尼园, 犹太 坟墓

去 Eilat方向 Bus: - 先3約冷车 时刻表
(先问朋友!)   - Eggs Bus 局下时向 询问.
日-四 = 6:30AM-21:00
五及朔奇 = 7:30AM-15:00
六 = 18:45-23:00

上山缆车 = 六-四 = 8:00AM-4:00PM

过境: Yitzhak Robin Terminal/Arava Crossing
-关得早晨,不挤; 以色列 fee = 45 NIS
-开放时向 → 日-四=6:30AM-8PM (10pm?)
五-六=8:00AM-6pm (8-8?)

附近小镇 Wadi Musa, $$1.4 馋堂, 手遊

3: (先圖再西再北这边) 罗马大剧院,罗马喷泉,
声乐的大喷泉尾波喜喜國王滨喜泉,蜜城
坊,国会大厦,皇家官殿, 及古博物馆, 出城
城堡

{ 4: 老城剩余, 斜區為主: 风暴慶典, 大剧院等
{ 5: 续往笔, 绘经博物馆, 忟悔行道陸, 幸耶
{   那连续经始哈利耶胡胡达幸坊, 幸

{ 6: 海滨白沙埵, 白城, 拉宾广场, 设计美境,
{   雅法古城, 时钟广场, 钟楼, 猎楼
{   堂, 新福珠, 猎楼, 经美西行方门达

7: 马国家剧陸, 喜逛美史, 苏市博物馆,

目錄

前言

「以色列」是個猶太國家，但那塊地卻叫「巴勒斯坦」。以色列疆土之內有猶太人，也有巴勒斯坦人。巴勒斯坦人尚未建國，所以實際上是在以色列被「統治」著。我們去以色列，那裡有猶太居民區，也有巴勒斯坦管轄區；看的不僅是猶太人，也有巴勒斯坦人。

約旦沿約旦河與以色列並肩而立。政治上它是約旦河西岸及耶路撒冷的曾經統治者；地理上它是環圈遊的有效選擇；約旦又是最早與以色列和平共處的阿拉伯國家之一。去以色列的同時也去約旦，順道成理，順理成章。

一方面，猶太人的過去是悲慘的，而巴勒斯坦人的現在也是悲慘的。以巴至今衝突不斷，所以「以色列」依然悲摧「凄慘」。

另方面，以色列在當今中東和世界，是一個強悍的存在。它建國以來的發展、表現和成就，是一個世人矚目的奇蹟，堪稱「美輪」。

以色列的「美」，不僅在它的山和水，不僅在它的土地「流淌著奶與蜜」，而且在它的國家品格，民族精神；它的浴火重生，驚世駭俗；它的英勇不屈，頑強堅韌。

從猶太人、猶太教、猶太聖地哭牆，到巴勒斯坦人、伊斯蘭教、巴勒斯坦總部阿拉法特大院，讓我們去感受這個「凄」與「美」並存的以色列！

chapter *7*

逆風挺進以色列

凄美 以色列

那一年的中國春節，我是在耶路撒冷老城的大馬士革門（Damascus Gate）下度過的。冬末的二月，夜幕落下不久的傍晚，我一個人在那裡。城門內中世紀的窄街老巷，已不見白天熙熙攘攘的人群；城門外市府大樓附近的街角，隱隱綽綽著以色列軍警的身影。路燈昏昏，行人寥寥。這個巴勒斯坦人口密集的老城，早早地歸於沉寂。儘管正月十五將近，皓月當空，卻遮掩不住月光之下，這片大地透著的凝重與哀切。

這些年，我出門旅行去過四個大洲。我領略過博大精深，驚豔過金碧輝煌，我讚歎過繁榮發達，也迷戀過山水激盪。然而，當海外那個著名旅遊網站評選旅行最佳目的地「世界之最」（TOP10）的時候，我腦海裡第一個閃過的，不是義大利的羅馬或威尼斯，不是法國的巴黎或尼斯，不是俄羅斯的聖彼得堡或莫斯科，不是巴西的里約熱內盧或亞馬遜，不是日本的東京或京都，不是瑞士的阿爾卑斯山或日內瓦湖，而是、正是多年前的以色列和耶路撒冷，我在老城門下那個夜晚的凄美一幕！

2007 年 1 月 29 日，以色列南部的度假勝地埃拉特（Eilat）發生了該市歷史上從未有過的恐怖攻擊，它也是整個以色列境內 9 個月來的第一次自殺爆炸。來自加沙（Gaza）的巴勒斯坦自殺攻擊者滲透到埃拉特北郊，當員警走近時，他跑進了一家麵包店並引爆了身上的炸藥，炸死了一名合夥店主及一名雇員。中東局勢一下子又緊張起來。

不到一個月之後的 2 月 26 日，我孤膽獨身，逆風而上，開始了十二天的以色列之旅。

我從波士頓飛抵特拉維夫。然後我東進千年聖城耶路撒冷，南下度假勝地埃拉特；途經「世界肚臍」的死海；死海對面就是猶太聖地神秘悲壯的瑪薩達（Mas ADa）；我在埃拉特跨過邊界，經約旦第二大城亞喀巴（Aqaba）北上；先到約旦國寶佩特拉（Petra）；再往北直奔首都古安曼（Amman）；我隨後橫跨約旦河、回馬耶路撒冷；從那裡我北上巴勒斯坦總部拉馬拉（Ramallah）；南下耶穌誕生地伯利恒（Bethlehem）；我把最後時光留給了最美的特拉維夫（Tel Aviv）與雅法（Jaffa）。

我第一次乘坐公共汽車去耶路撒冷時，曾擔心來到我前座的以色列軍人會不會成為恐怖攻擊的目標，想著要不要換個座；我第一次走在耶路撒冷街上時，在夜色中問一位黑人女孩，這裡的晚上是否安全？她淡淡一笑，不以為然地說：當然安全，至少好過紐約！

　　我鼓起勇氣住進巴勒斯坦人集中的耶路撒冷老城；我擠上巴勒斯坦人經營的公共汽車在約旦河西岸穿梭；我和聖殿山圓頂清真寺（Dome of the Rock）的保安討論巴解組織與哈馬斯；我也與巴勒斯坦人一起通過 8 米高的鋼筋水泥隔離牆，目睹巴勒斯坦人接受指印識別電子系統的檢查。

　　我去遊客罕至的巴勒斯坦總部拉馬拉；一個巴勒斯坦人告訴我七年來未曾再去聖城耶路撒冷，是以色列人的高壓統治和重重關卡使他難以成行心冷神傷。

　　我找到世界矚目的巴勒斯坦總部，它又稱阿拉法特大院；我與大門的持槍崗哨攀談並合影；我被允許進入大院，士兵向我介紹院內的情況；我走進巴勒斯坦解放組織辦公大樓，同那裡的官員握手交談，她們的熱情接待令我非常感動。

　　我去伯利恒的聖誕教堂（Church of the Nativity）朝拜；在耶穌降生地的「星壇」前俯首；我來到最後的晚餐室遺址；去看耶穌被抓的客西馬尼園（Gethsemane）；我追尋耶穌最後走過的「苦路」（Via Dolorosa）；最後來到聖墓教堂（Church of the Holy Sepulchre）；在那裡耶穌走完了全程，被剝去衣服、釘上十字架，直至死後在這個位置埋葬。

　　我在古猶太國的明君「大衛王博物館」裡惡補歷史；我爬上耶路撒冷老城城牆繞城俯瞰而行；我朝拜猶太教第一聖地哭牆；我登上老城東的橄欖山遠望；我聽猶太教授在猶太人公墓的現場教學；我在埃拉特尋找一個月前自殺攻擊的現場。

　　我在長途車上與一個以色列年輕人聊天，中途下車休息他主動告訴我他是便衣員警；他向我講解猶太人與巴勒斯坦人的外貌特徵，並說辨識炸

彈客的難度並非那麼誇張。

　　我在機場與猶太教授交談，他認為以巴的衝突無處不在，兩個民族的仇恨根深蒂固超出世人想像；但以巴雙方有一點看法一致：都認為和平絕無可能，因為土地太小無法分割，聖地聖殿也絕不會退讓；和平共存的美好願景前途渺茫。

　　我在哭牆旁的聖殿山下行的臺階處，遇到下面一群等待上行的小學生，由於只能單人行，我便等著她們先走。她們人多我等了較久，下面的學生不好意思就讓我先下。我下到她們身旁時，笑著感謝她們，她們也笑。這時一位最小最矮的女孩，大約七八歲的模樣，突然問我：我們這裡好嗎？我們的城市漂亮嗎？我笑著對她說：漂亮，很漂亮。她認真地再問一句：真的嗎？我不由一怔，收起笑容。我認真地說：真的，真的很漂亮。

　　那一刻我感受到的，是一種對外部世界的期盼和渴望，也帶著一絲無奈與哀傷？

　　從以色列歸來之後，感覺就像去了趟另一個世界。

　　這一塊土地、兩個民族、三大宗教的交惡纏鬥數千年，鑄就了絕無僅有的錯綜與複雜。這裡到處有遺址，到處是歷史；它充滿神蹟，也充滿了傳奇。人類有史以來出版最多的典籍，記載和描寫的都是這裡；當今世界地緣政治的火藥桶，也在這裡。以色列是獨一無二的。

　　歷史上猶太人經歷了無數的外族入侵和奴役、無數的內部分裂和戰亂；一次次的屠城與反抗、一次次地背井和離鄉；民族的精神象徵一而再地被蹂躪摧毀，最後只剩一堵殘牆；在歐洲千年以來被驅趕，在二戰六百萬同胞被屠殺；建國不到半個世紀外敵虎視五次戰爭，國內衝突尖銳殺戮不斷。以色列是淒慘悲涼的。

　　悲壯的歷史，造就了猶太人堅韌頑強的民族性，使之在人類歷史與當今世界，屢創奇蹟屢造輝煌。

◄圖 1-1 到處有遺址和歷史、神蹟和傳奇，以色列獨一無二。

◄圖 1-2 瑪薩達山腳之下、死海之濱，黑雲壓城、風雨欲來。

　　1948 年以色列建國伊始，人數和軍備均佔優勢的阿拉伯聯軍突然入侵，甚至著名的蒙哥馬利元帥都認為以色列將在兩週內被打敗。但是以色列舉國奮起頑強對抗，獲得了最後勝利。土地一寸未失還得到擴張，巴勒斯坦人反被趕出了家園。

　　1967 年的六日戰爭，在第一天的四小時之內，以色列一舉打掉埃及飛機 304 架，並乘勢佔領加沙和西奈、約旦河西岸和耶路撒冷老城，還有戈蘭高地。六天結束戰爭，震驚世界，大獲全勝，成為軍事史上「先發

制人」的經典。

　　1976 年法國航空公司飛機在烏干達機場被劫持，全部以色列乘客和
機組人員被扣。一星期後，以色列 100 多突擊隊員飛行 4 千多公里夜襲
機場，90 分鐘之內擊斃所有劫機者和同謀的 45 名烏干達士兵，救出 102
名人質，還摧毀烏干達空軍 30 架米格 17、米格 21 戰鬥機。寫下世界反
恐史絕無僅有的驚豔一筆。以色列是偉大強悍的。

◀ 圖 1-3 以色列人民英勇不屈、
偉大堅強。

　　在這塊彈丸之地旅行，感受到的是一步一驚奇，一景一感傷。我逆風
而進、惴惴而來；我匆匆而過、流連而返。真正是，一騎絕塵南北縱橫。
我把碎碎的足跡和滿滿的同情，都留在了這片淒美的土地上。

　　人們在呼喚公正而持久的和平，世界在期待政治的智慧和希望！

Jerusalem

chapter 2

一塊土地
兩個民族
三個宗教

　　以色列對旅行者的魅力在當今世界獨一無二，因其歷史的悠久血腥，因其土地的纏擾紛爭，因其民族的仇視衝突，因其宗教的恩怨傾軋。只有瞭解以色列的過去，才能看懂以色列的今天。以色列千年之路的極端錯綜複雜，歷史包袱的難以承受之重，體現在浩如煙海的重重史料當中，記錄在耶路撒冷大衛博物館的件件遺物之上。這一塊土地上的兩個民族和三個宗教，在不斷的外患內亂、流離失所和世代恩仇當中，搭建起了血雨腥風、曠古絕倫的大舞臺。

▼ 一塊土地

　　「以色列」在當代指的是一個國家，但在古代它也隱含著土地的名字。猶太教的聖經《托拉》（Torah）[1]，將以色列所在的這塊地稱為「以色列的土地」（Land of Israel），稱猶太人為「以色列的孩子」（Children of Israel）。

　　猶太人將這地方稱為「以色列」，因為古時候他們就叫「以色列人」（Israelites），而不叫「猶太人」（Jews）。所以「以色列人」住的地方，在古代也叫「以色列」（Israel）。

　　據《托拉》記載，猶太人的先祖「雅各」（Jacob）在回到祖宗之地的路上，曾與神派來的使者摔跤。在拚搏中，他的大腿被掐了一把，以致一腿殘瘸，但最終贏得了競鬥。為此神賜名字「以色列」予他，意思是「與神角力者」。所以，「以色列」也曾經是個人名，而且那人恰好是猶太人的先祖。

　　「以色列」（雅各）後來帶領子孫去埃及 430 年，那群人於西元前 1250 年在摩西率領下出埃及並返回迦南時，已然人丁興旺浩浩蕩蕩。雅各的十二個兒子各有部落分支，成了以色列人的十二位列祖。子孫們認定「以色列」（雅各）為先祖，自稱「以色列人」，所以「以色列」又成了

一個民族的名字。

西元前 11 世紀，以色列人建立了自己的第一個國家「以色列聯合王國」（Kingdom of Israel）。所以，「以色列人」在「以色列」這塊土地建立「以色列國」，都是一個思路。

事實上，「以色列」的稱呼最早出現在西元前的 1209 年。一個埃及法老摩納坦的石碑（Merneptah Stele），提到了迦南一帶的人民、地理、文化和政治族群，統稱之為「以色列」。那個石碑就叫「以色列石碑」，也稱「勝利石碑」。

現代考古學認為，上述聖經故事中的部落、族長、「出埃及記」等等故事，尚缺乏事實的印證，更多的是激勵本民族的傳說。有據可查的事實是，古時候那個地方叫迦南（Canaan），那裡的人就叫「迦南人」。在歷史的進程中，迦南人最終融入了那個時代的「閃米」（Shemu）族群，逐漸消失了。

一個重要的問題是：以色列人最初是如何開始在迦南定居的？他們與迦南人是什麼關係？

對此歷史上有不同說法。一種是以色列人「和平崛起」說，一種是以色列人「暴力征服」說。

對於古代迦南人的定義及淵源，學者們也有兩種意見。一種意見是，迦南人是個泛稱，包含著整個「黎凡特」（Levant）地區定居或者遊牧的各種土著民族。「黎凡特」在地中海的東部海岸，它的南面就是古代的迦南、現在的巴勒斯坦一帶。另一種意見是，古迦南人來自於阿拉伯半島，是屬於閃米人的一支遊牧民族。

第一種「和平崛起」說認為，不管迦南人屬於哪一種情況，以色列人在西元前 2000 年時，就在迦南與迦南人一起定居了。以色列人的人口增長逐漸超過了迦南人中的其他民族，導致了它最終的「和平崛起」，這是一個迦南地區族群內部的漸變過程。以色列人通過拒絕與外族通婚、發展

自己獨立的宗教等等方式，與其他民族區分開來、獨立出來。

　　後來君主制的「以色列聯合王國」三代而亡，分裂為南北兩個王國。北方的「以色列王國」（Kingdom of Israel）及其10個部落後來被亞述人（Assyria）征服，最終消失；南方的「猶大王國」（Kingdom of Judah）及其部落一直延續下來，人們開始改用「猶太人」（Jews）來稱呼他們，因為「猶大」（Judah）、「猶太」（Judea）、「猶太人」（Jews）均為同根詞。

　　所以《托拉》說，迦南「自古以來」就是猶太人的故鄉，以色列原本就是上帝給猶太人的「應許之地」（Promised Land）。

　　第二種「暴力征服」說認為，以色列人及其祖宗閃米人，原本是阿拉伯大沙漠中的遊牧民族，在尋找牧場的過程中，聽說了北方有一塊稱為「肥沃月牙」[2]的風水寶地，那裡氣候相對濕潤，土地比較肥沃。他們決定北上。

　　經過反覆爭奪，他們終於佔領了那塊地盤，但其中一條以色列人最為垂青的狹長地帶，已被迦南人佔領，而且以色列人當時根本打不過他們。

　　幾百年之後，也就是以色列人去埃及、又出了埃及，幾經磨難練出了剽悍，終於打回迦南，奪得了迦南。這就是說，以色列人是後來才成功進到迦南的入侵者和征服者。

　　這種說法有一個間接的「佐證」，那就是後來摩西帶領的「出埃及」過程中，以色列人一開始受不了路途遙遠和千辛萬苦，在西奈半島一帶徘徊顛簸40年，曾經寧願再回埃及當奴隸，也不想再往東往迦南走。個中的原因可能就是，他們對當年曾經（慘）敗於迦南人，依然心有餘悸。

　　無論以色列人是「和平崛起」還是「暴力征服」，古代「迦南」的地名後來都消失了。取代它的，並不是「以色列」，而是沿用至今的「巴勒斯坦」這個稱謂。

　　據傳最早「巴勒斯坦」的叫法出現在西元前1150年，但第一次明確

▲ 圖 2-1 古代的迦南今日的巴勒斯坦，是上帝的「應許之地」。

地使用「巴勒斯坦」這個詞，則是在西元前五世紀的一個古希臘作品中。一百年左右之後，大學問家亞里斯多德在他的氣象學著作中，也使用了「巴勒斯坦」的名字。再後來，羅馬帝國在西元 44 年把此地作為一個行省統治時，「巴勒斯坦」用得就更加廣泛了。

　　1920 年英國正式託管這一地區。「巴勒斯坦」遂成為這個地方的官方稱呼，一直沿用至今。

　　所以現在我們說「以色列」，指的是那個國家；而「巴勒斯坦」則是指那個地方。

▼ 兩個民族

　　當今居住在巴勒斯坦這塊土地上的，是猶太與阿拉伯兩個民族，巴勒斯坦人則屬於阿拉伯民族的一支。

　　猶太人與阿拉伯人有一個共同的「遠祖」，即閃米人。閃米人有很多分支，包括以色列人、迦南人、希伯萊人、猶太人、阿拉伯人、巴勒斯坦人等等。他們的後人中，阿拉伯人與猶太人的 DNA 最為接近，這個事實倒是相當具有諷刺意義。

　　閃米人成為多族群的共同遠祖並非偶然，因為它「資歷太深」：人類之初的亞當和夏娃生有該隱（Cain）、亞伯（Abel）、塞特（Set）三個兒子。小兒子塞特的九世孫，就是造出方舟的「諾亞」。諾亞的三個兒子中有一個叫「閃」（Shem），「閃」的後人就引伸成為「閃米」人。當然，這些都是聖經故事，尚無考古證據。

　　閃米人分支希伯萊人 [3] 中出了個「亞伯拉罕」（Abraham），他是猶太人和阿拉伯人共認的「始祖」。但在名字上，阿拉伯人卻另稱他為「易蔔拉辛」（Ibrahim），兩個民族的分歧開始顯現。

　　不難看出，那個地區的種族、名字、地理等等，自古就有不少交叉重疊與含混不清，真個是「剪不斷、理還亂」。

　　其實「亞伯拉罕」的原名叫「亞伯蘭」（Abram），住在最古老的「美索不達米亞」（Mesopotamia）文明所在的兩河流域。在西元前 3800 年那個文明開始衰敗時，他受上帝指使，遷涉至迦南，並在 99 歲時與上帝立約，上帝賜其兒孫興旺，並以迦南為其永久基業之地，此後便將其更名為亞伯拉罕。這個《舊約聖經》裡的記載，兩個民族（和三個宗教）都認可。

　　但是從亞伯拉罕以降，這兩個民族的認祖開始進一步分道揚鑣。問題出在亞伯拉罕有兩個兒子。

　　亞伯拉罕的第一個兒子是亞伯拉罕和結髮妻子撒萊（Sarah）生的「以撒」（Isaac）。以撒又有兩個兒子，一個是前面提到過的「雅各」，另一個是「以掃」（Esau）。猶太人認雅各為先祖。

　　亞伯拉罕的第二個兒子是亞伯拉罕和妻子的待妾夏甲（Hagar）生的「以實瑪利」（Ishmael）。阿拉伯人認以實瑪利為祖先。猶太人卻認為

以掃才是阿拉伯人的「正宗」，應該是阿拉伯人的祖先。

於是有了兩個不同的「祖譜」：

猶太人：「遠祖」閃米人 → 「始祖」亞伯拉罕 → 「先祖」雅各 → 「列祖」雅各的 12 個兒子 → 12 個分支。

阿拉伯人：「遠祖」閃米人 → 「始祖」亞伯拉罕 → 「先祖」以實瑪利。

因此，兩個民族在祖先的認同上相差一個「輩份」。猶太人的房室「正」，阿拉伯人的輩分「高」。

◀ 圖 2-2 猶太人裡最虔誠保守的黑帽黑袍「正統拉比猶太教徒」（Ultra-Orthodox 或 Rabbinic Judaism）。

▼ 三個宗教

伴隨著地名之爭、土地之爭、祖宗之爭，這裡還有更重要的宗教之爭。

猶太教、基督教、伊斯蘭教是世界三大宗教，它們同祖同宗，共認亞伯拉罕為「始祖」，共認耶路撒冷為聖地，並統稱為三大「亞伯拉罕諸教」，或稱三大「天啟宗教」。

它們都主張一神教（Monotheism），反對古人的多神崇拜和偶像崇拜，這是擺脫多神論[4]的一大進步。一神教來源於多神教，脫胎於多神教，它改進了社會的組織效率，統一了社會的意識形態，可比肩於「諸侯割據」向「封建皇權」的大一統過渡，所以有其歷史的優越性，是一種社會進步。

三大宗教都以《希伯萊聖經》（Hebrew Bible）為共同基礎，但猶太教稱之為《猶太聖經》，基督教稱之為《舊約聖經》。雖然伊斯蘭教的《古蘭經》(Quran /Koran) 並沒有將《希伯萊聖經》囫圇吞棗地包括進來，而是獨立自成體系，但在它標準化之前，就已經在黎凡特和伊拉克的猶太教及基督教徒中流傳了。所以，最早伊斯蘭教就是從猶太教及基督教中脫胎而出的，《古蘭經》與《希伯萊聖經》也是交叉重疊的。

具體來說，三大宗教的來源傳說及經典人物，在《希伯萊聖經》和《古蘭經》都有出現[5]，故事雷同，只是名字不同而已。猶太教基督教的「亞伯拉罕」和伊斯蘭教的「易蔔拉欣」；「上帝耶和華（Jehovah）」和「真主安拉（Allah）」；亞當（ADam）和阿丹（Alan）；諾亞（Noah）和努哈（Nuha）；摩西（Moses）和穆薩（Moussa）；耶穌（Jesus）和爾薩（Elsa），其實都可一一對應，指的是同樣的人。

更有甚者，在《古蘭經》中提及摩西的名字比其他任何人都多；提及耶穌的次數也比穆罕默德更頻繁。三大宗教確實是你中有我、我中有你，同祖同宗、同籍同源。

但是幾千年來，他們卻發展演變得同室操戈、勢不兩立，形同水火，

你死我活。

　　猶太教是世上最老的宗教，一神教的鼻祖。它的創始人，是帶領猶太人出埃及的摩西。他所著的《摩西五經》奠定了猶太教及其經典《希伯萊聖經》的基礎[1]。

　　猶太教認為只有猶太人才是上帝的唯一立約選民。這裡所說的「選民」，並非政治意義上的投票選舉者，而是指「所選之民族」。上帝通過亞伯拉罕和摩西兩次與猶太人立約，選定了以色列人（也就是後來的猶太人），賜給了他們「流著奶與蜜」的古迦南之地，只有他們才能得到上帝的賜福與拯救。

　　這是猶太人內心根深蒂固的信念，也是猶太教與其它宗教最大的不同。這一方面使得它的信徒極其虔誠、堅定自信，另一方面也相當潔身自好、閉關自守。它從不主動對外族傳授教義，入教必須經過考驗，而且傳教的對象僅限於不遵守教規而需要「再教育」的已入教者。

　　猶太教認為基督教和伊斯蘭教都是錯誤的。基督教的《新約聖經》與伊斯蘭教的《古蘭經》，都是後人杜撰編造來欺騙信徒的偽作。猶太教認為耶穌偏離古訓、欺世盜名，絕不是什麼上帝之子或使者，猶太人等待的救世主「彌賽亞」（Messiah）還沒有來。

　　猶太教的遭遇是三大宗教中最悲慘的。它的精神象徵、耶路撒冷老城聖殿山（Temple Mount）上的聖殿，幾千年來遭遇了「二建二毀」的命運，

▶　圖 2-3

瑪薩達山下汽車站前，向麥加方向禱告的阿拉伯人。

▲ 圖 2-4 猶太教聖地「哭牆」（Wailing Wall），逐漸演變出了一種猶太人的「哭牆文化」。

最終只剩下哭牆，就是猶太教與猶太人命運的最好寫照。

西元前 957 年，以色列聯合王國鼎盛期的所羅門（Solomon）王建立第一聖殿（一建聖殿），這是其後很多政治與宗教歷史的發源地。西元前 586 年巴比倫（Babylon）佔領耶路撒冷毀壞第一聖殿（一毀聖殿）。西元前 516 年波斯（Persia）王滅了巴比倫，520 年猶太人重建第二聖殿（二建聖殿）。西元 70 年羅馬王鎮壓猶太人起義，聖殿徹底焚毀，只留下西牆牆基的一段（二毀聖殿）。後人在牆基上築起了一堵牆，就是後來的哭牆。

基督教與猶太教同源，創始領袖是耶穌，耶穌本人也是猶太人。基督教出現在西元世紀之交的羅馬時期，苦難中的猶太人期盼著復國的救世主「彌賽亞」，耶穌應運而生。他認為猶太教義是正確的，所以督促猶太人繼續信守《舊約聖經》的猶太律。但是後來基督教認為《舊約聖經》不完

善，所以引進了平等主義的思想，取消了視為與上帝立約憑證的「割禮」舊俗，這些都反映在後來信徒所作的《新約聖經》中，尤其是「福音書」（Gospels）問世以後，他們與猶太教漸行漸遠。

耶穌基督教的核心是：《舊約聖經》時代已經結束，世人需要與上帝重新立約，即為「新約」。上帝將獨生子耶穌賜予世人，他是上帝耶和華的化身，又是其獨生子，同時具有神性與人性，即「聖父，聖子，聖靈」三位一體，而且他就是猶太教等待的救世主「彌賽亞」。新約將不僅限於猶太人，而是適用於所有相信和聽從上帝的子民。一切聽耶穌的福音，才能贖罪。耶穌的降生標誌著上帝與人類重立新約，開啟持續的發展與輝煌。

基督教誕生之初，是窮人和被壓迫者的宗教，屬於猶太教和猶太人中的一個分支。當時在羅馬人治下屬於非法，地位甚至還不如猶太教。這後來成了基督教長達數世紀的「反猶太主義」（Anti-Semitism）的一種理由。

但是基督教後來被羅馬帝國奉為國教（西元 323 年），富人和有權勢的人開始加入，並逐漸奪取教會的主導權，開始了「不抵抗」路線，偏離窮人與被壓迫者，變得溫和恭順逆來順受，與猶太教的「不屈服」及閉關自守「被動挨打」的境遇越發格格不入。

基督教認為伊斯蘭教也是錯誤的，是沒必要的「狗尾續貂」，背叛了上帝的旨意。

基督教將伊斯蘭教和猶太教均視為「異教」。長達近二百年的十字軍東征，是對伊斯蘭教的討伐。而對猶太教，則從稱呼《希伯來聖經》為《舊約聖經》開始，隱喻它已「過時」，直到指責猶太人是殺害耶穌的兇手，再進一步否定猶太教存在的合理合法性，最後在行動上加以驅逐和迫害。

基督教的鼎盛期發生在羅馬王宣稱為國教的西元 323 年之後，因為羅馬看到了基督教的可利用價值。猶太人二次大起義被鎮壓後，猶太教被禁，猶太人被逐，猶太以色列正式消亡。儘管耶穌本人被害，巴勒斯坦這

一地區卻日益羅馬化、基督化。但過後不久的西元 395 年，羅馬帝國分裂成了東、西羅馬兩個帝國，教義也從此分裂為（東）正（統）教與天主教。

伊斯蘭教是個後來者，七世紀由麥加人穆罕默德（Muhamm AD）在阿拉伯半島創立。在此之前，猶太教和基督教都傳入過半島，但阿拉伯社會危機加劇和外族入侵，那兩個宗教都不能滿足社會變革和半島統一的迫切需要，雖有影響卻傳播不開來。伊斯蘭教的有效和強悍填補了這一空缺。

伊斯蘭教的創始人穆罕默德是個文盲，卻絕頂聰明。在早期認識和接觸過他的基督教僧侶中，甚至都有人認定和預言他將成為先知。他中年時喜歡在麥加山洞裡徹夜獨處沉思，終於有一天在沉思中，天使加百列（Gabriel）給他帶來了真主的啟示，宣稱真主已選他為最後的一位先知和使者，遣使他在人間傳播、宣講真主的聲音。加百列並帶領他學會了讀誦《古蘭經》。

◀ 圖 2-5 當年羅馬王君士坦丁（Constantine）的母親來此「考證」耶穌遺址，並「指地為聖」而建起的基督聖墓教堂。

▲ 圖 2-6 伊斯蘭教聖地圓頂清真寺據稱是先知穆罕默德當年夜行登霄的地方。

但也有人說，穆罕默德的那些聖經知識，實際是從所接觸到的有文化人那裡聽來學來的。他一開始對主的遣使感到驚恐猶疑，後來在親友鼓勵下走上傳道的不歸路，伊斯蘭教從此問世。

伊斯蘭教認可摩西，也相信上帝。伊斯蘭教崇拜的是先知穆罕默德，供奉的是《古蘭經》。

穆罕默德早年接觸過猶太教與基督教，目睹並瞭解猶太教與基督教未能在阿拉伯半島紮根和傳播的教訓。所以在他傳道活動的實踐中，改造並引進了一些猶太教、基督教都沒有的特質，比如：伊斯蘭教與政治和社會行為緊密結合，也就是要建立伊斯蘭國家，政教合一；允許信徒對非穆斯林有選擇性地「消除」，也就是隱含著對異教徒的排斥與暴力，等等。

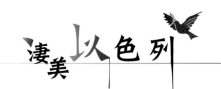

阿拉伯語「伊斯蘭」的原意是「絕對服從／絕對奉獻」。伊斯蘭內部的不同派別與潮流，尤其是極端主義與原教旨主義，主張以伊斯蘭大旗，改變中東甚至世界的版圖與格局，包括政治甚至國界，並以此鼓動了極端的自殺式恐怖攻擊。

伊斯蘭的政教合一至今未曾改革。它在歷史上產生過最有名的伊斯蘭封建王朝有：延續 626 年的阿拉伯帝國，延續 623 年的奧斯曼（Ottoman）帝國。

伊斯蘭教認為猶太教和基督教都片面，都不完整。《舊約聖經》和《新約聖經》都已被篡改和歪曲。耶穌並非上帝之子，也不存在「聖父、聖子、聖靈」的三位一體。

但伊斯蘭教認為基督教是個對伊斯蘭教有利有用的「先導」，所以它並不完全否定耶穌，不過認為耶穌只是第 24 個先知而已，而穆罕默德是第 25 個先知，也是最後的一個。

伊斯蘭教認為《古蘭經》涵蓋的資訊，從開天闢地的亞當開始，直至穆罕默德結束，空前絕後地完整完備，是真主降示於世，降示於穆罕默德的最終極的天經。

三大宗教各執一辭的教義分歧，加上聖地的歸屬不定，還有領土的爭端與蠶食，構成了當代中東問題的最大癥結。

・本章注釋

[1]《托拉》（Torah）就是《摩西五經》（Pentateuch），它是《希伯萊聖經》（Hebrew Bible）的前五卷。《希伯萊聖經》又叫《塔納赫》（Tanakh），也就是基督教所説的《舊約聖經》（Old Testament）。不過猶太人不接受這種叫法，因為猶太教根本不接受《新約聖經》，所以無所謂新舊。

[2]「肥沃月牙」（Fertile Crescent）指的是美索不達米亞的底格里斯河和幼發拉底河兩河流域加上尼羅河谷及尼羅河三角洲所成的彎月形，而它中間的那「一條狹長地帶」，就是地中海東岸的黎凡特和迦南一帶。

[3]「希伯萊」嚴格來説不是指一個民族，而更多地是指一種語言。儘管在《希伯萊聖經》中「希伯萊」出現的次數極高，它的主要意思卻是「説閃米語的以色列人」。

[4] 古代多神教的例子有：古埃及的鷹神、太陽神、天神等，以及古希臘的奧林匹斯十二主神等。

[5] 在《希伯萊聖經》和《古蘭經》都有出現的「共同」人物包括：亞當（ADam），諾亞（Noah），亞伯拉罕（Abraham），以實瑪利（Ishmael），以撒（Isaac），雅各（Jacob），約瑟（Joseph），大衛（David），所羅門（Solomon），以利亞（Elijah），摩西（Moses），撒迦利亞（Zechariah），以及《新約聖經》中的施洗約翰（John the Baptist）和耶穌（Jesus）等等。

Jerusalem

chapter 3

血雨腥風數千年

不斷的外族入侵和國家分裂，不斷的屠城流放和異教迫害，使得這塊土地上的猶太人遭受了亙古未有的悲涼命運，它的苦難超過了當今世界的任何一個國家和民族。

▼ 外患內亂

以色列自古以來，就是多個帝國和王朝輪流光顧之地，走馬燈一般的外族外患包括：埃及人、迦南人、以色列人、腓力斯（Philidtines）人、希臘人、撒瑪利亞（Samaritan）人、羅馬、拜占庭（Byzantine）、阿拉伯人、十字軍（Crus ADes）、奧斯曼、英國人，甚至蒙古人都統治過。

猶太人第一個國家以色列聯合王國在所羅門死後（西元前 10 世紀），分裂為「以色列王國」和「猶大國」，後來又分別被亞述和巴比倫所滅，猶太人俘虜被流放至兩河流域，這就是有名的「巴比倫之囚」。

波斯王居魯士（Cyrus）西元前六世紀（538BC）征服巴比倫，接管了這個地區。波斯帝國難得地授予被征服國的宗教自由，允許猶太人回國。猶太人算是喘了口氣。

亞歷山大（Alexander）大帝於西元前四世紀（333BC）打敗波斯，但死後他的兩位將軍分裂，分別成立塞琉西（Seleucid）和托勒密（Ptolemaic）兩個王朝，相互征戰爭鬥，強迫猶太人希臘化。猶太人反抗，被殘酷鎮壓。

馬加比（Maccabee）猶太家族在西元前二世紀（167BC）領導猶太人反抗塞琉西而建立哈斯莫內（Hasmonean）王國，在波斯帝國與後來的羅馬帝國之間暫時地收回了領土，換來了約 100 年的猶太人統治。但是好景不長。

羅馬帝國於西元前一世紀（63BC）佔領耶路撒冷一帶，統治極其殘暴。希律（Herod）王是西元前一世紀（37BC）由羅馬扶植的外邦猶太人

國王，統治 41 年。他有一半猶太血統，卻對猶太人依然兇殘。

殘暴統治引發猶太人兩次大規模起義但被鎮壓，耶路撒冷再次被毀，猶太人被種族滅絕式地屠殺和驅逐。

拜占庭帝國於西元四世紀（395 年）成為羅馬帝國分裂出來的東羅馬，佔領該地區。希臘人和羅馬人充斥，猶太社會進一步遭到破壞，人口減少。

阿拉伯人於西元七世紀（638 年）征服耶路撒冷地區，阿拉伯人成為主要居民。猶太人正在永久性地失去這塊屬於他們的土地。

阿拉伯人在趕走拜占廷王朝後，反而在相互之間爭奪愈烈。倭馬亞（Umayy AD）、阿巴斯（Abbasid）、花剌子模（Khwarezmia），甚至蒙古帝國都依然不停地爭奪統治權，戰火紛亂 600 多年。

十字軍東征發生在西元 11 世紀（1099 年），持續了 171 年。第一次東征攻陷耶路撒冷時發生了屠城，被殺的包括猶太人和穆斯林人口。

◀ 圖 3-1 散落在耶撒冷老城外的汲淪（Kidron）溪谷路旁的古蹟遺址。這裡曾是猶太人最早哀悼被摧毀的聖殿的地方。

馬木魯克（Mamluk）家族是西元 13 世紀（1260 年）在奧斯曼帝國接管之前的最後一個阿拉伯蘇丹國，來自埃及的這個軍事政治集團統治這裡近 300 年。

奧斯曼帝國於西元 16 世紀（1517 年）征服巴勒斯坦，將之併吞為其一個省。再後來就是近代的事情了。

猶太人的千百年歷史，每一頁都寫著：「蹂躪」、「血腥」。

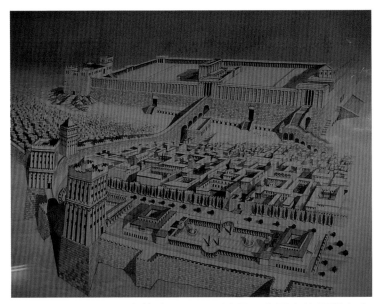

▲ 圖 3-2 希律王二度擴建聖殿，卻被羅馬帝國在鎮壓猶太人反抗後徹底焚毀。圖為聖殿復原示意模型。

▼ 亡命天涯

　　當代猶太人與巴勒斯坦人的領土紛爭，一個重要的事實與原因是：儘管歷史上更早地居住在那一帶的是猶太人，但是猶太人徹底地離開過這塊土地，而且很久很久。以致後來的阿拉伯人巴勒斯坦人，也在那裡生活了很久很久。

　　但是猶太人歷史上的多次「逃離家園」大流亡，是被迫無奈的。

　　第一次大流亡，是猶太人先祖雅各為逃離饑荒帶領子孫去埃及，一走430年。西元前1250年才回到古迦南，這就是摩西出埃及的故事。

　　第二次大流亡，是「以色列聯合王國」歷經三代、兩大明主之後分裂，又分別被亞述和巴比倫滅亡（西元前722年和586年）。猶太人三教九流均被放逐到兩河流域。

　　第三次大流亡發生在羅馬帝國時期（西元63年）。整整五個世紀的殘暴統治，引發兩次猶太人大起義，但均被鎮壓（西元132年）。猶太以色列正式消亡，被徹底趕出家園。取代猶太以色列的是基督以色列。這是猶太人歷史的一個最重大轉折、最毀滅性打擊。猶太人開始近兩千年流離失所，散居世界，直到20世紀。

　　等到二戰前後猶太人開始復國運動重返家園之時，巴勒斯坦人已經在此居住了千年以上。

▲ 圖 3-3 瑪薩達山頭城堡是被羅馬軍團攻陷的最後一個堡壘。從那以後猶太人
開始了在世界各地長達 19 個世紀的流亡。

▼ 同根相煎

　　猶太人近代命運最淒慘的遭遇，其實並非來自阿拉伯與伊斯蘭，而是
來自歐洲，來自「同根生」的基督教。從羅馬帝國開始的中世紀黑暗年代，
直至二戰中納粹的六百萬人大屠殺，都與基督教對猶太教的排斥、詆毀、
迫害不無關係。

　　西元二世紀時，富人開始加入基督教並逐步主導教會，基督教開始了
質變，不再有濃厚的猶太民族色彩和窮人底層的代表性，走上了對當局的
「不抵抗」路線。

　　羅馬當局注意到了基督教的轉變及其利用價值，從此開始扶植它。西
元 392 年宣佈基督教為國教，並下令禁止異教信仰。這實際上為迫害猶太

教預留了伏筆。

基督教被尊為羅馬帝國國教之後，又在中世紀凌駕於王權之上，成為主宰歐洲的唯一力量，並迅速發展為歐洲乃至世界的大宗教。而猶太教依然不改初衷，僅限於在猶太人中發展，成了純粹的猶太人宗教，並受到日益嚴重的排擠與迫害。

基督教清楚猶太教是其「母親宗教」，卻決意要擺脫和淡化猶太教的巨大影響。為爭取更多的猶太人脫離猶太教改信基督教，同時也為回報統治當局，基督教上層開始了一步步逼迫猶太教的邪惡之路。

首先，在輿論上將《希伯萊聖經》改稱為《舊約聖經》，將基督教自己添加的部分稱為《新約聖經》，聲稱猶太人與上帝之約過時，上帝現在同基督徒訂立了新約。

事實上，《新約聖經》是耶穌死後百年由基督教會所編寫，記載了基督教對猶太教的種種詆毀和攻擊，這在馬太、馬可、約翰三大福音書中尤其集中和明顯。

◀圖 3-4 基督教迅速發展成為全歐洲乃至全世界的大宗教之後，便開始排擠和迫害猶太教。

▲ 圖 3-5 羅馬統治時期徹底被毀的猶太教聖殿所在地聖殿山。

　　其次，在行動與法律上與統治者聯手，規定復活節（Easter）不再按照猶太曆決定日期，也不在猶太人的逾越節（Passover）期間進行；禁止基督徒與猶太人交往，基督徒女子更不能與猶太男子婚配，違者處以死刑；皈依猶太教者和從事皈依活動的人亦將處死；廢除猶太族長制和猶太教公會；禁止猶太人擔任公職，並將之從軍隊中清除。從西元 337 年開始直到 429 年期間，猶太人的政治與民生權利一步步受限，逐步淪為所在國的下等公民。

　　基督教對猶太教和猶太人攻擊的核心部分，也是影響最為深遠的，是指責猶太人是殺害耶穌的兇手。四大福音書的描述是：耶穌原為猶太教徒，但他沒按猶太教規行事，而是私自修改摩西戒律，因此招致猶太人不滿，出賣陷害耶穌。猶太祭司捉拿了耶穌，猶太長老侮辱毒打耶穌，猶太人還極力反對羅馬總督釋放耶穌，最後致耶穌於死地。

　　但是有史學家、神學家、猶太教專家等深入研究史料典籍後作出結論：《新約聖經》有關耶穌被害的經過與事實不符。因為那個時代猶太人家園被羅馬帝國所占，猶太人已經淪為殖民地暴政下的臣民，沒有審判耶穌的權力，也無能力對羅馬當局施壓要求處死耶穌。而把羅馬總督彼拉多

（Pilate）描寫為優柔寡斷、善良通達的統治者也與事實不符，實際上那總督是個專斷獨行、暴虐寡情、濫殺無辜的劊子手。

最後，猶太教與猶太人得到的是被排斥、被驅逐、被殺戮的千年大迫害。在羅馬帝國迫使他們向全世界流散，不得不開始長達一千八百多年的流亡時，歐洲是他們的主要逃亡地。

當時基督教已經一統歐洲天下，猶太教便成了唯一的異教。在基督教的長期反猶宣教下，歐洲出現了幾代人對猶太人的歧視、鄙視、仇視，反猶排猶的惡性事件頻頻發生。

除了宗教因素之外，排猶反猶還有政治、經濟、種族等考量。政治上猶太人被視為不穩定因素和顛覆份子，經濟上驅逐猶太人可以剝奪猶太人的財產，種族上由於猶太人寧願被逐也不改變信仰，而被視為最為頑劣的一族。所以英國、西班牙、法國等在 11 至 14 世紀期間，先後發生令人髮指的反猶惡性事件。

這些國家清除猶太人，強制關閉猶太社區，驅逐上萬、幾十萬猶太人，沒收猶太人財產。然後再以徵收「居住權構置費」為條件，允許猶太人回歸，幾十年後再次驅逐。

十字軍東征，雖然最終目標是遠方伊斯蘭佔領的耶路撒冷，但是近在歐洲國家身旁的異教徒猶太人，成了他們的第一襲擊目標。這是歐洲基督教世界首次對猶太人大開殺戒，它是歐洲反猶的一個轉捩點。從那以後，對猶太教的迫害不再停留於口誅筆伐，而是舉起了血腥的屠刀。十字軍的暴行，是基督教長期詆毀猶太教的結果。

20 世紀之交，歐洲種族主義抬頭，德國是其急先鋒。鐵血宰相俾斯麥就企圖建立過「反猶基督教德意志國」。二戰中的法西斯德國將反猶推向了巔峰，總共六百萬猶太人被殺，占了當時世界猶太人總數的三分之一之多！

納粹大屠殺震驚了世界，也驚醒了基督教，引發其強烈的反思。它開

始反省自己對猶太教和猶太人的態度，以及大屠殺的宗教根源。1948 年的教會世界理事會議開始了基督教與猶太教的和解，1965 年的梵蒂岡第二屆大公會議通過了《關於教會與非基督教關係的宣言》，承認了基督教與猶太教的同源性，承認希伯萊民族與上帝立約，基督教正是從《舊約聖經》那裡接受了啟示。1977 年，瑞士新教教會聯合會中央理事會宣佈承認耶穌是猶太人，而且是由一個猶太母親所生。

▲ 圖 3-6 耶路撒冷城東橄欖山（Mount of Olives）猶太公墓。

20 世紀 60 年代與 90 年代，羅馬教宗兩次發表敕令，肯定耶穌不是猶太人所殺害，天主教設立異教審判法庭的做法是錯誤的。猶太人要求基督教在《新約聖經》中刪除指責猶太人殺害耶穌的錯誤文字，倘若不能修改，則要求教宗以宣言的形式給與糾正，一勞永逸地消除猶太人受歧視受迫害的根源。

反過來說，猶太教對於基督教的態度是：不認同耶穌，認為他只是個「神棍」，即行「巫術」的「江湖騙子」一類。在猶太教的經典裡，有過「耶穌的一生」這樣的記載，說有個叫瑪利亞的女人生了個兒子，叫「耶穌‧本‧潘得拉」(Yeshu Ben Pandera)，最後是行為不端被處死的，云云。

相比之下，伊斯蘭教對耶穌反倒不那麼排斥。它承認耶穌也是個先知，也是真主派來的使者，是耶穌帶來了《新約聖經》。但是伊斯蘭認為《新約聖經》被後來人篡改過，已經不可信，但耶穌的先知地位不變。

伊斯蘭教相信《希伯萊聖經》，認為《舊約聖經》也是上帝的真理，但是時間已久原貌已變，所以最後封印至聖、完整而沒遭篡改的《古蘭經》，才是真正的最終啟示。

實際上，《舊約聖經》與《古蘭經》有不少內容相似，比如不吃豬肉的戒律，最早出自《舊約聖經》的「利未記」；而阿拉伯世界殘忍的「石刑」，其實也出自《舊約聖經》；甚至《古蘭經》的第一大段話，也與《舊約聖經》裡的一段幾乎如出一轍。

綜上可見，伊斯蘭在早期對猶太教和基督教都算是比較包容的。比起中古時期的歐洲基督教對猶太教的迫害，更是不可同日而語。所以中東、西亞、北非一些世俗伊斯蘭國家，至今還有千年以上的基督教社區和猶太人。

▼ 冤冤相報

時至當今，中東地區以色列與巴勒斯坦的衝突雙方，是猶太教的猶太人對抗伊斯蘭的阿拉伯國家和巴勒斯坦人。基督教基本上已經「退出」了衝突。

猶太人與阿拉伯人的衝突對抗，始於 19 世紀末「猶太人復國運動」中大批猶太人移入巴勒斯坦地區。二戰結束後，聯合國大會通過決議成立

猶太國和阿拉伯國。以色列建國後因為發生以阿戰爭，侵佔阿拉伯人土地，並趕走巴勒斯坦人使之成為難民，從此以巴矛盾激化。

中東以阿衝突的背後，有歷史、宗教、文化、種族的原因，還有大國的博弈。其關鍵是兩個民族都提出排他性領土與主權要求，而核心是聖殿山和耶路撒冷的地位與歸屬。

以色列人說，猶太人的祖先早早地就在這裡生活了，這裡是上帝賜予猶太人的應許之地。阿拉伯人說，猶太人幾千年前就不再是這裡的主體民族了，阿拉伯人已經在此生活了幾千年。

沙特國王說過這樣一番話：「我們同情猶太人，可是他們建國要在我們的土地上割讓領土？歷史上誰在迫害猶太人？穆斯林嗎？既然德國人殺害猶太人就在德國劃出一塊土地給他們好了，為什麼要損害與猶太人的苦難毫無干係的巴勒斯坦人民的利益？」

▲ 圖 3-7 猶太居民區與巴勒斯坦管轄區間的隔離高牆。

▲ 圖 3-8 荷槍實彈學生女兵在老城下走過。一手拿書,一手拿槍。

　　衝突中的雙方幾十年來不斷地以牙還牙冤冤相報。以色列對巴勒斯坦人的宗教擠壓和領土擴張一直在繼續,猶太人在巴勒斯坦地盤上的新建居民點,是典型的例子。巴勒斯坦人的反抗與恐怖攻擊也未曾停下。世界級的難題考驗著文明的政治智慧與政治家的鋼鐵意志,人類追求公平公正與和平發展依然任重道遠,路途茫茫。

CITADEL
YOUTH HOSTEL

Jerusalem

chapter 4

提心吊膽上征途

懷著忐忑不安的心情，我於 2007 年 2 月 26 日乘坐義大利航空公司619 航班從波士頓出發，經米蘭飛往特拉維夫。

這一天距離以色列本土遭受 9 個月來第一次自殺炸彈攻擊還不到一個月。雖說我認定當局的保安措施必定比以往任何時候都要完備齊全，就像股市逢低進場風險反而不大是一個道理，但是飛機起飛時的一陣晃動，竟使我忽然想到了自己應該以防萬一，早早辦好遺囑的事來。

▼ 轉機時的困惑

飛機在米蘭轉機時，候機大廳的顯示屏幕上怎麼也找不到去特拉維夫的意航 804 航班。凌晨的大廳有點冷清，我從一頭走到另一頭，開始有點不祥之感。走第二遍時，終於發現一個服務台。我出示了機票，服務員朝前方一指：在那裡。

我順那個方向走。過道很長，直到大廳盡頭依然沒見標識牌。四下顧盼，有一個下行階梯，我走了下去。

那是一個地下室，很大很暗，空無一人。確實有兩個登機口，但沒有標牌。我回去確認了一下，時間還早，就找了個角落坐下。孤獨中忽然想，安排這樣不起眼的地方，是為了減少恐怖攻擊的傷害和損壞？

後來人多起來，到處都坐著人了。我的隔座是一位長者，便和他搭訕起來。

他是猶太人，大學教授。我問去以色列的航班是否安全？他點頭：沒問題。聊以巴衝突，我直接問：猶太人和巴勒斯坦人能否和平共處？ 他說：No way! 不可能！我說：克林頓撮合的和平協議，要不是拉賓總理被刺，不是幾乎成功了嗎？達成協議的可能性曾經是那樣地大過。他搖搖頭：所以後來上帝就派了個陸文斯基，把克林頓給攪了嘛！（哈哈～）

他又像講課般解釋說：知道為什麼嗎？因為我們的地方實在太小。若有中國那樣大，就好分配了。在我後來遇到的猶太人中，這樣的悲觀十分普

遍。

飛機到達本古裡安（Ben Gurion）機場，已經是下午 3 點了。特拉維夫這個國際機場，在城東南 25 公里的地方。飛機降落的那一瞬間，我心頭一種說不出的感覺：終於來了，一切終於要來了！

我先去耶路撒冷。在離開以色列前再專程到特拉維夫逗留。

走出機場大廳時，我向一位姑娘問路。她告訴我，去耶路撒冷的公車，需要先乘短途公車（Shuttle）去附近 7 公里處的小鎮 Airport City（機場市），然後再換車。

她讓我跟著她。汽車來後，上車的乘客很少。姑娘走到車中間，這時後面來了一個文靜高大的帥哥，背者一把大樂器。他悄無聲息地走到姑娘腳下的汽車中間，斜頭倒身，優雅地躺在了姑娘的腳下。

目睹這一幕我非常驚訝，緊繃的戰地神經被眼前的羅曼蒂克瞬間鬆懈釋放！我摸出相機，彎腰輕拍輕問他：我能否拍個照？帥哥沒有睜眼，點了點頭。

▼ 公車上的擔憂

我換車去耶路撒冷時，選擇了一個後座。不久上來一位制服軍人，就坐在了我前座。我腦間霎時閃出汽車爆炸的畫面，要不要換座離開一點？

我最終沒有動。汽車奔馳起來，一個多小時後，開進了耶路撒冷汽車總站。出站有軍人檢查口，我以為是查票，那女兵卻要我打開行李箱。下車也要安檢？後來才知道總站樓上是一個熱鬧擁擠的大商場，又一個安全敏感區。

汽車總站在耶路撒冷西北。走出站，貫穿全城的雅法大街橫亙於前。

◀ 圖 4-1 特拉維夫機場幫我指路的以色
列女孩。

▶ 圖 4-2 公車上的音樂家帥哥倒在
了姑娘的「石榴裙下」。

沿著它一直朝東，可以直達耶路撒冷老城。

　　我沒有預定旅館，想在到達後靈活選擇。天還沒黑，我拉著小箱慢慢
走。這一段路有三、四公里，但我酷愛步行，我對沿途所見充滿好奇。

▼ 在耶路撒冷走夜路

　　雅法是一條老舊的大街，兩旁以低矮小樓和店鋪為主。慢慢地高樓房也多了起來，但是沿途沒有滿意的旅館。

▲ 圖 4-3 公共汽車從特拉維夫開往耶路撒冷。

　　天色漸暗，老城還沒到，我開始擔心。一是天黑的安全，二是不得不住老城裡了。一轉頭，看到一位黑人女孩，像是外來的。我打招呼，問：這裡的夜晚安全嗎？她驚訝地看著我，說：很安全啊，至少勝過紐約！

　　天黑時分終於隱隱看到城牆的影子了，還有燈光照著城角，夜空中古樸莊重。是它，就是它！必是耶路撒冷老城無疑！我激動起來。

　　這時的四周昏暗寂靜，一條沿著城牆的街道橫在面前，路上竟然空無

一人。我赫然發現對面站著兩位軍警，像是女兵，對著我，盯著我。不知她們在做什麼，我也不知該幹什麼。

我停下來，指著不遠處城牆問：是耶路撒冷老城嗎？對面點頭。我又問：從哪裡進去？對面指指身後。我說要過馬路，對面又點頭。幾句話下

▲ 圖 4-4 耶路撒冷的雅法大街是通向老城的主要街道。

來，兩位女兵都是沉默不語，但顯然她們聽得懂英語。

我小心翼翼走過去，又向前向右走了幾十步，再一拐彎，來到了老城門下！

千年萬年的聖地耶路撒冷老城，我來了！

這個城門叫雅法門，門內空無一人。當小巷裡終於有人走過時，我上前問哪有旅館？那人說：Go!Go! 就領著我去了附近的一家，他說前面還有一家，我說：就這家吧。那人離開前說：明天來我家小店看看，就在城門邊，別忘了。我謝了他。

◀ 圖 4-5 我在耶路撒冷老城第一夜所住的青年旅館，第二天所攝。

　　那旅店外表平平，進門後卻像進了山洞，四下都是石牆。樓道狹窄蜿蜒，房間緊湊簡陋。當我仰臥在冰涼的「石炕」上時，感覺置身在古老的洞穴，不由想像起了二千年前耶穌與信徒在昏暗山洞聚會那個年代的場景。

▲ 圖 4-6 青年旅館內部上「樓」
的石臺階。

▲ 圖 4-7 青年旅館我的房間，感
覺置身在洞穴裡。

　　我睡不著。我不敢相信，自己此刻真的來到了這一片「奶與蜜」的土
地，這一片「應許之地」，這一片充滿血腥與淒涼的大地。

　　不知為什麼，一旦置身於巴勒斯坦人的這塊地盤，我反倒感到了安全
與放鬆。

　　我的征程即將開啟！

Jerusalem

chapter 5

千年聖地
耶路撒冷老城

凄美以色列

耶路撒冷是座歷史悠久的世界名城，位於以色列中部。它的面積不到北京的十分之一，其最為矚目的老城，貴為焦點中的焦點，精華中的精華，卻只有小小的約一平方公里。在其漫長的歷史中，耶路撒冷至少被摧毀兩次、圍困 23 次、遭攻擊 52 次、捕獲並重新奪回 44 次。耶路撒冷是以色列多舛命運的縮影。

老城有圍牆圈起，裡面主要分穆斯林、猶太、亞美尼亞、基督教四個區。眾多的種族擁擠在中世紀的窄街小巷中。

亞美尼亞在當代是一個歐亞交界處的小國，但是它歷史悠久曾來過這裡，其後裔至今仍在中東和巴勒斯坦地區生活繁衍。

耶路撒冷的最早開發可追溯到西元前四千年，最早的文字記載是西元前 19 世紀古埃及的詛咒禱文。西元前一千年，大衛王征服耶路撒冷，將之擴建定都，改名「耶路撒冷」。據說它是聖經中「耶布斯」（Jebus）和「撒冷」（Salem）兩城的組合，意思是「城市與和平」。

在其後近三千年的漫長歲月中，耶路撒冷在反復劫難中浴火重生逐漸壯大，成為古今融合舉世矚目的歷史名城。

我在耶路撒冷住了兩段時間。第一段是抵達後的 2 夜 2 天，第二段是接近尾聲去特拉維夫前的 2 天 2 夜，總共將近 4 天 4 夜。耶路撒冷東面的老城是走訪的重中之重，但我也去了西面的新區。

我由中心向週邊、從城裡到城外，參觀了重要景點如聖墓教堂、哭牆、聖殿山、圓頂清真寺、阿克薩清真寺（Al-Aqsa Mosque）、苦路、大衛塔博物館、老城圍牆、大衛王墓（King David's Tomb）、最後的晚餐地（Cenacle）、汲淪溪谷、橄欖山、萬國教堂（Church of All Nations）、聖母瑪利亞墓（Tomb of the Virgin Mary）、客西馬尼園、橄欖山猶太公墓（Mount of Olives Jewish Cemetery）。

▲ 圖 5-1 重建後的聖墓教堂，規模已經不復當年。

▼ 聖墓教堂

聖墓教堂也叫「復活教堂」。耶穌被釘上十字架、埋葬、復活，都發生於此。它是基督教的至聖之地。

羅馬時期基督教成為國教，君士坦丁皇帝的母親海倫娜（Helena）於西元 326 年親臨聖土，來尋找和瞻仰耶穌遺址遺物。在當地主教的幫助下，她輕易地找到了這個耶穌遇難的地點，並下令建起了聖墓教堂，教堂完工於 335 年。

聖墓教堂在歷史上曾多次被毀和修復，包括 614 年的火災、746 年的地震、九世紀再次地震、841 年又一次火災，938 年的另一次大火則嚴重損壞了內部。

後來的伊斯蘭統治時期，966 年因為外部的軍事失利引發內部暴亂和

鎮壓報復，大教堂再次被燒。1009 年伊斯蘭當局下令徹底毀滅了教堂。

　　1027 年起東羅馬拜占庭帝國多次與伊斯蘭當局談判重建聖殿教堂，以允許在拜占庭首都君士坦丁堡（現伊斯坦布爾）的清真寺重新開放作為交換條件。最終它得以重修，但未能完全重建。

　　教堂的主要入口在一小院裡。門上方一個窗戶下有一不起眼的木梯，它叫「不動梯」（Immovable L ADder），也叫「現狀梯」（The Status Quo L ADder）或「固定梯」（The Stationary L ADder）。小木梯有大故事。18 世紀以來就一直在這個位置，共用教堂的六個基督教派必須一致同意才能移動它。

　　這六個參與共管的基督教派是：希臘東正教、羅馬天主教、亞美尼亞教會、亞歷山大科普特（Copts）教會、敘利亞教會、艾瑟爾比亞教會，前面三個占的「份額」最大。

　　這種狀況源自於歷史上的一個「現狀協議」（Status Quo），是奧斯曼帝國頒佈的一項法令。它對耶路撒冷和伯利恒九個由基督教、伊斯蘭教、猶太教分享的聖地（Holy Places）的擁有權與職責進行了劃分，聖墓教堂是其中之一。

　　羅馬教皇保羅六世（Pope Paul VI）在 1964 年也發佈命令，要求保持梯子現狀，作為基督教內部更好協調瞭解、增進相互關係的一種努力。專門有一個詞描述這種努力，它叫「大全主義」（Ecumenism）。

　　共用聖墓教堂的各派，在內部各占一角，各自祈禱，顯得分外奇特。但矛盾與衝突依然發生，這時聖墓聖壇的進出大門鑰匙就要交給一個「中立的」穆斯林家庭來保管了。

　　教堂裡面的主要看點有二：耶穌釘上十字架的地點和耶穌的墳墓與復活地。前者叫「Calvary」，中文譯成「各各」；後者叫「Aedicula」，是一個獨立小建築。

▲ 圖 5-2 聖墓教堂正門上方窗戶下面的「不動梯」。

　　這兩個遺址原先是分開的。二世紀羅馬皇帝哈德良（H ADrian）在其中之一的耶穌墳墓上蓋起了一座希臘女神阿芙羅狄蒂（Aphrodite）神廟，想遮蓋耶穌的墓地。後來君士坦丁大帝在四世紀將兩個聖址連接了起來，成了一個統一的大教堂。

　　聖墓教堂最隆重裝飾的部分，是不遠處的「各各」地，即耶穌被釘上十字架的地方。它現在是一個神壇，壇的下面有個洞，據說就是十字架支起的地方。

　　信徒們傳說，「各各」下面有個「亞當教堂」（Chapel of ADam）。耶穌被釘十字架的地點，就是亞當頭骨的埋葬地。基督耶穌的血流在十字架上，穿過岩石，填進了亞當的頭骨。這是一個「繼往開來」的美好故事。

　　教堂拱頂上有一幅所謂「潘托克勒」（Pantocrator）的基督肖像畫，那是指對耶穌的一種特殊描述方法，它不同於通常耶穌背負十字架、釘上十字架的形象，而是表達為「上帝」即「基督」的樣子。在最早猶太經文中，「潘托克勒」是一種神。

　　值得一提的是，早期伊斯蘭統治者對耶路撒冷的基督教場地採取過保護性措施。伊斯蘭教歷史上的第二代哈里發奧馬爾（Omar）638 年奪取

◀ 圖 5-3 聖墓教堂圓形大廳中間的獨立小建築，下面是耶穌墳墓所在的洞穴。

▶ 圖 5-4 聖墓教堂內耶穌釘上十字架的地方，現在是一個神壇。

▲ 圖 5-5 後牆框起的石頭縫隙處，是豎起耶穌十字架的支點。

▲ 圖 5-6 描述基督死後其身體被整理和準備入葬的馬賽克圖。

▲ 圖 5-7 教堂拱頂上有一幅稱為
「潘托克勒」的基督肖像畫。

耶路撒冷後，曾訪問過聖墓教堂，並被邀請就地禱告，但他謝絕了。因為他擔心後世穆斯林誤解他，並以此為藉口將教堂變成清真寺。他甚至頒佈法令，禁止穆斯林在這個地方禱告，為的就是保護其基督教性質。他在耶穌誕生地伯利恒的聖誕教堂前，也做了類似的表達。

這個奧馬爾非同小可，他是先知穆罕默德的四大高級弟子之一和戰友，是歷史上最強大最有影響力的伊斯蘭哈里發之一，一生具有傳奇性。早年甚至堅決反對並企圖刺殺過穆罕默德，後來一日醒悟便忠貞不渝，強力幫助了伊斯蘭的傳播，並在哈里發位置上，南征北戰，大肆擴張，而且打敗拜占庭，開啟了伊斯蘭一千三百多年的統治。

四百多年之後，另一個哈里發哈基姆（Hakim）卻野蠻地將聖墓教堂完全破壞掉。1009 年的十字軍東征，就是由伊斯蘭當局對基督教與猶太教的一系列迫害及惡行而引發，其中包括了聖墓教堂。十字軍自詡為是一次「武裝朝聖」，東征軍便是聖墓教堂的「朝聖者」。

▲ 圖 5-8 遭到破壞後的聖殿山遺址，圓頂處是阿克薩清真寺。

▼ 聖殿山

聖殿山是另一個至聖至貴的遺址，是世界上爭奪最為激烈的一塊地產。它在老城東部，是一塊規規整整的矩形山地，南北長 490 米，東西寬 280 米。在僅僅約 0.14 平方公里的彈丸之地，彙集著猶太教和伊斯蘭教的眾多遺跡，是耶路撒冷老城、整個耶路撒冷、甚至整個以色列和中東地區，最為敏感的宗教爭議之地。

猶太人奉聖殿山為聖地，是因為傳說始祖亞伯拉罕在此領受天意祭獻兒子；先祖雅各在此與天使角力並獲賜名「以色列」。所羅門王在此建立猶太民族最神聖的聖殿，「聖殿山」因而得名。

當代猶太教的第一聖地哭牆，正是此處的聖殿一而再地建了又毀的最終遺留物。

由於聖殿山的極端神聖性，猶太人不會在山上行走，以免誤入並驚動聖所之地。《摩西五經》的權威解釋「拉比法」（Rabbinical law）說，

聖靈的某些方面依然在此地存在。

　　伊斯蘭教奉聖殿山為聖地，是因為山上有阿拉伯帝國建起的圓頂清真寺和阿克薩清真寺。前者有伊斯蘭先知穆罕默德夜行登霄之石，後者是伊斯蘭的第三大聖寺。

　　聖殿山上還有一個叫「拱頂鏈」（Dome of the Chain）的小建築，緊鄰圓頂清真寺。它建於倭馬亞時代的 691 年，是聖殿山上最古老的建築之一。其建築風格在多次裝修中基本保留完好。它不是清真寺，在十字軍年代曾成為基督教堂。現在也成了穆斯林的祈禱之地，而且是穆斯林社區的一個小金庫。不少人相信，它是作為圓頂清真寺的小樣板而建。

　　以色列當局曾在聖殿山兩大清真寺下面開通過地下隧道，把哭牆和苦路連在了一起，由此引發了以巴暴力衝突。猶太極端右派一直主張推倒聖殿山上的清真寺，重建第三聖殿，並且每年將一塊聖殿保留下來的巨石運至山下，舉行象徵性的重建儀式。他們相信，當猶太人的彌賽亞最終降臨時，第三個、也是最後一個聖殿，必將重建重現於此。

▲ 圖 5-9 聖殿山上古老的拱頂鏈建築，左邊是圓頂清真寺。

對於基督教來說，聖殿山在《舊約聖經》中至關重要，在《新約聖經》中也是耶穌生活中幾個事件的發生地，所以耶穌死後基督徒仍然崇拜聖殿山。直到西元 70 年第二聖殿被毀，基督徒認為那是基督預言的實現，是對猶太人罪惡的懲罰，從此聖殿山對基督教失去了崇拜的意義，重點轉移到了聖墓教堂，耶路撒冷的中心地位也被轉移到了羅馬。

1998 年臺灣曾有一部甄子丹主演的動作片，就叫《聖殿山》。

聖殿山一帶，包括哭牆及聖殿山廣場，在表面的風平浪靜之下，充滿潛在暴力衝突的高危風險。

▼ 哭牆

哭牆是聖殿山西邊的一段石頭建築，屬於老石灰岩牆。它原是第二聖殿護牆的一部分，當年大希律王將第二聖殿擴建，在周圍建起四道圍牆，擴展成一個大大的矩形平臺圍繞著聖殿。西元 70 年羅馬鎮壓猶太人起義後毀掉了聖殿。羅馬人燒毀時故意不拆毀台基部分，留下了西牆，目的是向後世炫耀羅馬的強大與不可一世。

歷史上，猶太人甚至還曾被限制來此祈禱哭訴。拜占庭時代，每年只被容許一次，即聖殿被毀的周年日那天。猶太人來此哭訴聖殿的被毀和流亡顛簸之苦，禱告上帝的傾聽與國度的復興，哭牆之名由此不脛而走。

將聖殿遺址下的西牆作為崇拜場所，事實上最早始於 16 世紀。在此之前猶太人曾被禁止進入耶路撒冷城市朝聖，只能在東面的橄欖山和汲淪谷，面對聖殿遺址方向哀悼。

哭牆是最接近聖殿、最靠近上帝的地方。但是「哭牆」的稱呼卻主要來自基督徒。現在越來越多的人認為它是一種貶義的說法。以色列在 1967 年六日戰爭中奪回哭牆後，猶太人湧到牆下喜極而泣。近年來猶太少年的成年禮也在此舉行，充滿歡愉氣氛，開始有了「歡樂之牆」的新稱呼。

　　哭牆約高 20 米，長 50 米。中間屏風相隔，供男女分別禱告用。來到牆前必須帶帽以示恭敬，非猶太人也可上前，旁邊有紙帽供應。以色列人說，他們國家的每一塊岩石都算得上是神聖的，哭牆的則是最神聖的。在猶太教的安息日（Shabbat）這一天，猶太人從城市各個角落來到這裡，歌唱跳舞祈禱，那是他們生活中最重要的一刻。

　　禱告者將寫有禱詞的紙條塞入牆縫，將心願傳遞給上帝。這包括各種信仰的人，相信上帝會讓他們的願望成真。這些紙條以後會依猶太人的傳統埋在附近的一座墓地裡。

　　西元初年，歐洲人曾認為耶路撒冷是歐洲的盡頭，而這面牆則是歐亞兩洲的分界線。

　　1981 年哭牆被列入《世界遺產目錄》。

▲ 圖 5-10 猶太人最神聖的哭牆。

▼ 圓頂清真寺

圓頂清真寺也被穆斯林稱為「高貴聖殿」，它建於西元 687 到 691 年間。

穆斯林相信穆罕默德在創立伊斯蘭教後第九年即西元 619 年的一天夜裡，在天使陪同下騎著一匹猶如美女的天馬，從麥加飛到耶路撒冷踏石登天，去聆聽真主安拉的天啟。

後人在這個地方蓋起了清真寺，寺內正中就是那塊淺藍色的巨石，長 17.7 米、寬 13.5 米、高出地面 1.2 米。大石上有一大凹坑，相傳就是留下的馬蹄印。在金光燦燦的大圓頂下，座落著獨特壯麗的八角形綠松石的清真寺主體。

圓頂清真寺實際上十分靠近甚至佔據了以前猶太聖殿所在的位置。為此，以色列的極端右翼一直在鼓吹摧毀清真寺，以重建第三聖殿。

1994 年，約旦國王侯賽因出資 650 萬美元，為圓頂覆蓋上 24 公斤的純金箔，使之徹底揚名天下，故又有「金頂清真寺」之稱。

▶ 圖 5-11 聖殿山上的圓頂清真寺。

從遠處望去，圓頂清真寺和聖殿山老城圍牆莊嚴肅穆，是一幅極為雄偉大氣的畫像，它已經成為耶路撒冷老城的地標和象徵。

▼ 阿克薩清真寺

　　聖殿山西南角有一排石質院落建築，它還有一個圓頂。圓頂不高，顏色偏暗。在歷史上，這個建築連同圓頂清真寺，以及聖殿山四周的 17 座城門和四個尖塔，曾統稱為「阿克薩清真寺」。它是伊斯蘭遜尼派的第三

▲ 圖 5-12 聖殿山一角的阿克薩清真寺。

聖地，僅次於麥加的聖寺和麥迪那的先知寺。它面向伊斯蘭第一聖地麥加。

　　現在阿克薩清真寺不再泛指，而僅指那個有圓頂的老清真寺。對於猶太人所說的聖殿山，阿拉伯人則稱「神聖保護區」（The Noble Sanctuary）。

　　阿克薩清真寺最初是一個小禱告屋，經多次重建與擴建並添加了圓頂。它的正面、尖塔及內部結構，都已經不再是最初的模樣了。

　　1099 年十字軍第一次東征攻佔耶路撒冷後，圓頂清真寺被用作宮殿，阿克薩清真寺被用作教堂。1187 年哈丁（Hattin）之戰後薩拉丁（Sal ADin）收復耶路撒冷，進行了更多的裝修。

　　現在儘管以色列控制著老城，清真寺依仍由約旦和巴勒斯坦的宗教組織管理。

▼ 苦路

「苦路」英文叫「Via Dolorosa」，也稱「Via Crucis」，是天主教一個模仿耶穌被釘上十字架全過程的活動路徑，也稱 「拜苦路」。它不是具體的街道，而是耶穌最後時刻走過的多條窄街小巷的總稱。

在耶路撒冷老城，也確實有一條東西方向的街道，就叫「Via Dolorosa」（道婁羅薩），那是「苦路」中最長的一段。

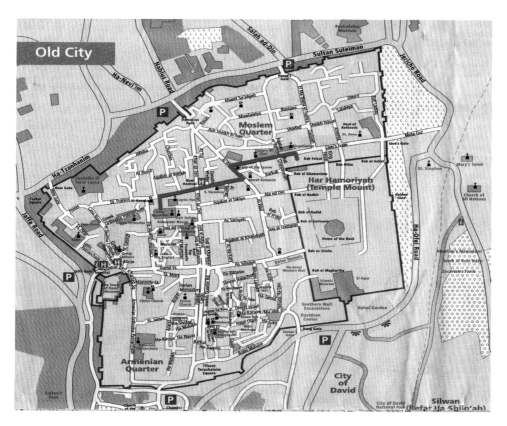

▲ 圖 5-13 「苦路」路線圖：從東向西，從右向左。

▲ 圖 5-14 有條街道也叫「Via Dolorosa」，
路牌藍底白字。

　　「苦路」始於老城東邊的「獅門」（Lion Gate）內一個現在叫「Al-
Omariyeh」的伊斯蘭學校，耶穌在那裡被判刑。

　　苦路總共有十四站，它們分別是：

第一站 耶穌被判刑；　　　　　　第八站 耶穌勸告耶路撒冷的婦女；

第二站 耶穌背起十字架；　　　　第九站 耶穌第三次跌倒；

第三站 耶穌第一次跌倒；　　　　第十站 耶穌被人剝去衣服；

第四站 耶穌途中遇母親；　　　　第十一站 耶穌被釘在十字架上；

第五站 有人幫耶穌背十字架；　　第十二站 耶穌死在十字架上；

第六站 聖婦為耶穌拭面；　　　　第十三站 耶穌屍體從十字架卸下；

第七站 耶穌第二次跌倒；　　　　第十四站 耶穌葬於墳墓。

　　「苦路」的標牌為白底黑字的矩形，常配有黑色圓盤，圓盤上刻有羅
馬數字表示「站數」。但這種標牌並非每站都有，所以找圓盤更容易。

這裡圓盤上的數字是「五」，
旁邊還有苦路標牌。

這個幫耶穌背十字架的人，
來自利比亞的昔蘭尼（Cyrene），
名字叫西蒙（Simon），是羅馬人
下令讓他替耶穌背的。

昔蘭尼當年是北非最古老、
最重要的五個希臘城市之一，有
「非洲的雅典」之美稱，古文明
傳統悠久。

▶ 圖 5-15 苦路第三站，耶穌
第一次跌倒。

▶ 圖 5-16 苦路第五站，有人
幫助耶穌背十字架。

▶ 圖 5-17 苦路第六站，耶路
撒冷聖婦為耶穌拭面。

　　為耶穌搽臉的婦人叫維羅尼卡（Veronica），是當地一位虔誠的信
徒。在很多基督教的國度裡，她被視為聖徒，尊稱為聖維羅尼卡（Saint
Veronica）。

▶ 圖 5-18 苦路第七站，耶穌
第二次跌倒之處。

從第十站開始，最後五站都在
聖墓教堂裡面。

通常天主教堂內會懸掛或擺
設有這苦路的十四站畫像，有的還
加有第十五站，即把「耶穌復活」
也算一站。

▲ 圖 5-19 苦路第八站，
耶穌勸告為他哭泣的耶路
撒冷婦女。

◀ 圖 5-20 教堂內耶穌十字架站立
之處，即圖中的岩石根基。

▲ 圖 5-21 苦路第十站，耶穌在這裡被人剝去衣服。

　　拜苦路的活動始於 17 世紀。1731 年教宗確定那十四站及其敬禮儀式。教宗約翰保羅二世（John Paul II）曾重編拜苦路，融進了紀念主復活的內容。

▼ 大衛塔博物館

▲ 圖 5-22 大衛塔博物館正門，就在原來城牆城堡的地方。

　　老城西面的雅法門裡，有個大衛塔博物館（Tower of David Museum），它就坐落在原先古城堡的一系列建築之上，是一個重要的歷史和考古遺址。博物館建於 1988 年，收藏了西元前 960- 前 586 年第一聖殿時期以來的重要文物，包括西元前一世紀時期的殘留城牆和巨塔，以及西元前 37- 前 4 年希律王建造的巨塔地基等。

　　這個非人工建造的博物館，採用了多媒體的手段，包括地圖、錄影帶、全息圖、繪畫、模型等，概括描述了耶路撒冷幾千年的歷史，從迦南人的

▲ 圖 5-23 大衛塔博物館坐落在原先耶路撒冷古城牆城堡的一系列
遺址之上，並非人工建造。

古城直到現代的都市，非常
值得仔細觀看。館內有免費
導遊講解。我在這裡逗留了
好幾個小時。走完一圈之後，
忍不住又回去從頭再看了一
遍。

　　大衛塔博物館北面不遠
的老城圍牆邊有一個高聳的
尖塔，就是大衛塔。

◀ 圖 5-24 大衛塔就在老城牆邊，雅法
門附近。

▼ 老城圍牆

　　從聖經時代開始，耶路撒冷就有石牆環繞，但是現在所說的「耶路撒冷城牆」（Walls of Jerusalem），指的是老城的圍牆，它在 1535 年由奧斯曼帝國重建，目的是加強防衛。圍牆平均高 12 米，長 4 千米，厚 2.5 米。共有 7 個城門為交通而開放，沿途還有多個觀景台，為吸引遊客而作為景點開放。

▲ 圖 5-25 耶路撒冷老城圍牆，可以走人，奧斯曼時期重建。

▲ 圖 5-26 從老城圍牆上居高臨下俯視老城內外。

　　英國廣播公司 BBC 在 2015 年將耶路撒冷評為「全世界最偉大的圍牆城市」之一，與克羅埃西亞的杜布羅夫尼克（Dubrovnik）、西班牙的阿維拉（Ávila）、哥倫比亞的卡塔赫納（Cartagena），以及法國的卡卡頌（Carcassonne）等齊名。

　　老城圍牆對外開放，開放段總長 1 公里，稱為「城牆步道」（Ramparts Walk）。它從雅法門出發，分南北兩條線路。北線至獅門，南線至錫安門（Zion Gate），相互不連接。

　　我走南線，入口處有人收取買路錢，並非官家所派。雅法門旁的旅遊辦公室也有票出售。

　　1981 年，耶路撒冷圍牆與老城一起，列入世界遺產名錄。

▼ 耶路撒冷老城城門

耶路撒冷老城城門中，有七個在 16 世紀與圍牆幾乎同時建造，建造者是奧斯曼蘇萊曼大帝（Suleyman the Magnificent）。這位大帝文治武功了得，在奧斯曼帝國即位最長，搞得風生水起，但對耶路撒冷的管理卻乏善可陳，唯一的例外是他建起的這個老城圍牆及眾多城門，功莫大焉。

最北的大馬士革門修得最早，然後向南按順時針方向先後建了希律門（Herod Gate）、獅門、金門（Golden Gate）、摩洛哥門（Morocoo Gate）、錫安門、雅法門。在 19 世紀又加了個「新門」（New Gate）。

其中希律門就在當年十字軍進攻耶路撒冷的突破點以西 100 米。人們誤以為大門附近一座建築是希律王的宮殿而以之命名。

獅門也很有故事。它不但是去神蹟遍地的橄欖山的捷徑，也靠近「苦路」

◀圖 5-27 大馬士革門正面，裡面就是巴勒斯坦居民區。

的起點，而且在「六日戰爭」中，以色列軍隊就是在獅門外山坡陣地通過空降傘兵，一路攻入城中而最終奪取老城的。該門兩邊刻有獅子，因而得名。

大馬士革門靠近巴勒斯坦之角，那裡的景象是巴勒斯坦人世界的縮影。

▲ 圖 5-29 大馬士革門外夜景。

▼ 圖 5-30 大馬士革門內的小菜商販，腳下舊輪胎用作煞車器。

▲ 圖 5-31 大馬士革門外賣長麵包小販，好吃又便宜，1-2 NIS。

▲ 圖 5-32 大馬士革門內擁擠的中世紀狹街窄巷。

▲ 圖 5-33 錫安門與錫安山地位崇高，城門上彈痕累累。

　　錫安門是我老城之旅的終點，也是出城東行去錫安山和橄欖山的起點。猶太人說，耶路撒冷的每一處都是珍貴的，錫安山和橄欖山就更是神蹟處處了。

　　1948 年第一次阿以戰爭時，以色列士兵先奪得錫安山，再試圖從這裡突破老城，解救裡面猶太角的被圍同胞。在錫安門東 100 米處曾炸掉一段城牆，至今還留有毀痕。

Jerusalem

chapter *6*

神蹟處處
錫安山橄欖山

耶路撒冷老城外南有錫安山，東有橄欖山。錫安山有耶穌「最後的晚餐室」和「大衛王墓」，橄欖山有耶穌被出賣的客西馬尼園、耶穌母親聖母瑪利亞墓地、多國資助而建的萬國教堂，還有猶太人公墓。

▼ 大衛王墓

　　出錫安門向南，很快會有人主動上前為你帶路，他們會說：No money，表示不收錢。其實哪有免費的午餐，巴勒斯坦人喜歡「問路錢」，而大衛王墓很好找，根本不用帶路。

▲ 圖 6-1 錫安門外帶有「Hagia Zion」路標的建築。大衛王墓和最後的晚餐室，就在它左邊不遠處。

▲ 圖 6-2 大衛王墓就在這個小門進去的屋子裡，其貌不揚。

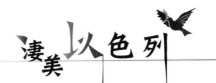

約幾十米遠處，路口一建築上會有箭頭和小牌子寫著 「Hagia Zion」，意指 「錫安聖殿」。它是羅馬王狄奧多西斯一世（Theodosius I）在西元四世紀所建的一個大教堂，全名「Hagia Maria Sion Abbey」，中譯 「聖母瑪利亞錫安修道院」，也叫「聖母升天修道院」。在這兩個名稱中，「Hagia」 都是「聖殿」的意思。

「大衛王墓」與「最後的晚餐室」都在錫安聖殿遺址的同一個地點。

西元四世紀曾有報告說大衛王與他父親傑西（Jesse）埋葬地在伯利恒。但是九世紀出現了大衛王墓在錫安山的說法，12 世紀開始這裡被正式視為大衛王墓，其根據是《舊約聖經》提到，大衛王征服錫安山一帶，建立過宮殿和「大衛城」。同時有一位叫班加明（Benjamin）的猶太朝聖者寫了一個傳奇故事，說兩名猶太工人在挖掘隧道時，意外巧遇大衛王的地下宮殿，發現了大衛王的金冠和權杖，大衛王墓從此被發現。

但傳說中的大衛城是在聖殿山以南，錫安山以東，而不是錫安山本身。以色列當局後來建立的大衛城，其實是約旦河西岸建造的一個猶太定居點。所以存在著爭議與不確定性。

真實的墓葬究竟在何處，至今仍無定論。當年羅馬和拉丁基督徒有一種良好的願望，希望心目中的兩代明君，建立大衛城的大衛王和建造第一聖殿的所羅門王，父子能在建功立業之地一起聚集安息。何況聖經中也說了，大衛王埋葬在大衛城中。

儘管如此，錫安山的大衛王墓卻最終逐步得到了三大教派的認可。它在穆斯林初期立穩腳跟，基督徒隨後承接跟進，最後是猶太人的相信確認。

◀ 圖 6-3 大衛王
墓穴與壁龕及墓
碑，上面蓋的藍布
（照片裡看上去有
點黑）是 1949 年
後加上去的。

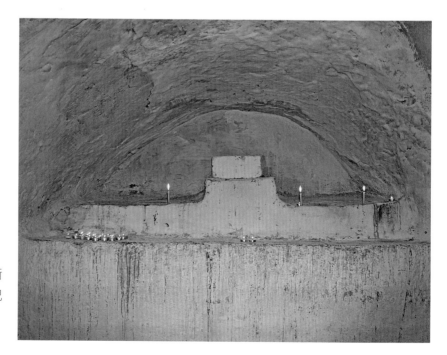

▶ 圖 6-4 大衛
王墓裡的祭祀
燭臺。

▼ 最後的晚餐室

　　最後的晚餐室英文是 Cenacle，派生自拉丁語，有「吃」的意思。其實這是使徒聚會和臨時住宿的地方，也是耶路撒冷早期教堂的雛形。

　　「Cenacle」後來在拼寫與語義上有了改變，出現了「上層房間」的意思。所以這個「最後的晚餐室」，也叫「上層房間」（Upper Room）。

　　「上層房間」隱含的意思是說，大衛王墓在下面，最後的晚餐室在上面。

▲ 圖 6-5 最後的晚餐室內景，裡面有一個基督教的壁龕。

在基督教的傳統中，這裡不光是最後的晚餐地，也是聖靈（Holy Spirit）於復活節後在十一位使徒（Apostles）面前駕臨和逗留的地方。

「最後的晚餐室」也是《新約聖經》中很多事件的發生地，包括慶祝耶穌最後的逾越節聚餐，耶穌為門徒洗腳，耶穌生升天後門徒聚會，選舉使徒，等等。

「最後的晚餐室」是四世紀後認定與形成的傳統。有人認為其前身是一猶太會堂，但有人質疑，認為沒有建築學線索可以證明它的猶太起源。早期猶太教堂的廊柱長椅等特徵，這裡都沒有。

該建築在七世紀被阿拉伯人破壞，但很快被基督徒修復。11世紀再次被穆斯林摧毀，不久十字軍新建了聖瑪利亞大教堂（St Mary's Cathedral）來取代，13世紀初又一次被毀，但是晚餐室那部分存活了下來。16世紀奧斯曼帝國把它變成了清真寺，基督徒完全被逐，直到以色列建國，基督徒才重新返回。

經過無數次的重建，才有了當今的哥特式結構。房間的牆壁上有一個清真寺壁龕，稱為「米哈拉布」（Mihrab），它是該室內最靠近麥加的位置，也是信徒祈禱的方向。這是穆斯林控制過這個場所的一個例證。

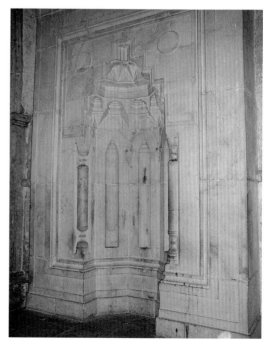

▶ 圖 6-6 牆上的清真寺壁龕「米哈拉布」，是祈禱面對的方向。

▼ 橄欖山

橄欖山在老城以東，隔著一個乾枯的汲淪溪谷。它主峰 800 米不算高，有公路盤旋而上。沿途計程車也多，不難討價還價。當然也可步行。

橄欖山是猶太教和基督教的聖山。古猶太傳說，期望中的復國救世主彌賽亞將在此山開啟新時代。幾個世紀以來，此山也是猶太人最神聖的墓地所在。

橄欖山也佈滿聖經所記載的古蹟。聖經首次提到橄欖山，是大衛王為逃避叛亂份子的追趕，蒙頭赤腳上了橄欖山；橄欖山是耶穌曾經佈道和住宿的地方；耶穌也曾站在橄欖山上面對聖殿山為耶路撒冷悲歡；耶穌死前一星期，正是從橄欖山進入耶路撒冷的。

▼ 客西馬尼園

客西馬尼園是一個小花園，花園裡的橄欖樹據說都與耶穌同年代。

聖經記載，耶穌用完最後的晚餐時，已經預感到要被出賣，受難的時刻將會來臨，便來此祈禱。他悲痛萬分，但三次祈禱之後，又堅強了起來。

這裡是耶穌和門徒們經常聚會的地方，所以叛徒猶大不難找到耶穌。當猶大帶著祭司長前來抓捕時，被 30 枚銀幣收買的猶大走到耶穌面前，按照事先與祭司長約定的暗號叫了聲老師，並上前親吻。耶穌說了聲：朋友，你要做的事，就做吧。就被逮捕走了。

西元四世紀，信徒們曾在園裡建起聖壇，12 世紀十字軍加以擴建。穆斯林來後搗毀聖壇。現在的客西馬尼園是在遺址上修建的。

學界對於耶穌最後一夜的祈禱之地有不同的看法。最典型的一個質疑是，客西馬尼園離開城市太近，離一條繁忙通道也不遠，耶穌不會在這種環境中作他最後的祈禱。

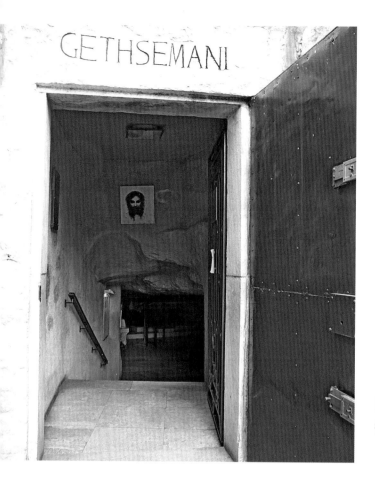

▶ 圖 6-7 客西馬尼園耶穌和門徒們聚會的岩洞入口。

▼ 圖 6-8 客西馬尼園地下岩洞內景。

也有意見認為可能的祈禱地點有萬國教堂、聖母瑪利亞墓地，甚至東面的僻靜山谷之中。現代學界的共識是，《新約聖經》只提到耶穌去了一個花園，但未提客西馬尼園名字。歷史尚未定論。

客西馬尼園中八顆老橄欖樹，至今只有三棵採用碳測定法確認了年齡，分別生長於西元 1092、1166 和 1198 年。其他五棵無法確認。而且，橄欖樹可以從被砍伐的老樹根上長出新枝，所以即使知道那三棵樹的年代，也無法確認同樣的枝幹樹蔭是與耶穌同年代的。

▼ 圖 6-9 客西馬尼園八棵古老的橄欖樹，幾乎與耶穌同時代。

▼ 聖母瑪利亞墓

聖母瑪利亞的墓也是一個教堂，叫聖母瑪利亞教堂（Church of the Sepulchre of Saint Mary）。這是東正教徒埋葬耶穌母親瑪利亞的地方。

▲ 圖 6-10 聖母瑪利亞教堂通往地下墳墓的入口處有圖像遮蓋。

▲ 圖 6-11 入口到下面洞穴共 47 個臺階，這是下方的一段臺階。

在聖母瑪利亞教堂內，有一個從岩石上雕刻出的入口。從入口處到下面的洞穴墓地，共有 47 個臺階。

東正教聲稱瑪利亞是自然死亡，她的靈魂在死後被基督接受，身體在第三天復活，與靈魂一起升入天堂。所以，她的墳墓在第三天被發現也是空的。

五世紀時有一個歷史學家寫過一個故事，說羅馬皇帝瑪律西安（Marcian）和皇后曾向當時耶路撒冷的族長索取瑪利亞的遺物。族長回答說，埋葬後的第三天時，他們發現墳墓已經空了，只留下了裹屍布。後來，裹屍布被護送到君士坦丁堡，保存在聖母教堂（Church of Our L ADy of Blachernae）中。

天主教的說法則不同。他們認為瑪利亞是否經歷了（物理的）身體死亡，是不確定和尚無結論的。

◀ 圖 6-12 地下墓室裡的圖像裝飾。

▼ 萬國教堂

　　萬國教堂建於 1919 至 1924 年，因許多國家資助而得名。據說耶穌在被捕前也在此禱告過。教堂天花板上放有資助國家的標誌。圓頂、大列柱、鑲嵌圖案的拜占庭建築風格非常突出。

▲ 圖 6-13 萬國教堂外觀。

▶ 圖 6-14 據信耶穌禱告的基石就在這裡。

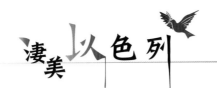

▼「耶和華哭」天主教堂

萬國教堂後面有個小教堂，名叫「多明尼克・弗萊維特」（Dominus Flevit），它譯自拉丁文「耶和華哭了」（The Lord Wept），背後是一個動人的故事。

根據《新約聖經》記載，耶穌在向耶路撒冷騎行而來經過這裡時，被第二聖殿的雄偉壯麗深深感動，同時也預見到了聖殿終將被毀，猶太人終將流離失所，不禁公開哭泣起來。

耶穌公開哭泣的這個地點，直到十字軍時代人們才蓋起了一座小教堂，開始紀念它。但是 1187 年耶路撒冷被攻陷，教堂被毀，16 世紀奧斯曼時期土耳其人蓋起了清真寺，基督教徒一直無法取得重建紀念聖所的機會。

19 世紀以後，該土地的所有權幾經轉輾，最後終於在 1940 年回到基督徒手中。1953 年以後的一、二年中，義大利建築師設計並建造了現在的這個小教堂。

◀ 圖 6-15 多明尼克・弗萊維特教堂。

在建造這個聖所期間，竟然挖掘出土了迦南晚期青銅器時代的古墓，可以追溯到西元前 136 年直至西元 300 年。這一片土地上，真是步步有遺址，處處有神蹟。

▼ 橄欖山猶太公墓

　　橄欖山的西坡，是耶路撒冷最古老最重要的猶太公墓。猶太人在此地埋葬，始於三千年前的第一聖殿時期。

　　根據猶太傳統，復活救主彌賽亞來臨時將出現在橄欖山，並且面朝聖殿山。橄欖山與聖殿山只隔汲淪溪谷之遙，所以死亡復活就將從這裡開始。埋葬在此，贖回復活的希望最大。

　　19 世紀開始，這個墓地有了新的意義和重要性，開始成為猶太人聚集和紀念的重要場所，他們來自全世界。很多猶太人在晚年移居此地，伴隨著公墓和追憶來度過自己的餘生，最終埋葬於此。

　　公墓墳塋共有四萬多，包括著名的猶太人物如早期猶太人定居運動積極份子，猶太復國主義創始人，現代希伯萊之父，諾貝爾文學獎得主，藝術學院創始人，以色列第六任總理，阿拉伯暴亂受害者，獨立戰爭的犧牲者等。

▲ 圖 6-16 橄欖山西坡面朝聖殿山的猶太人公墓。

▼ 橄欖山上遠眺

　　橄欖山頂部是遊客的集中地，在那裡居高臨下憑欄遠望，老城和聖殿山及圓頂清真寺赫然矗立，肅穆端莊。它是當今耶路撒冷的經典畫面和經典形象。

▲ 圖 6-17 耶路撒冷和聖殿山赫然矗立肅穆端莊。

▶ 圖 6-18 橄欖山頂的現場教學，大學生與教授。

▶ 圖 6-19 橄欖山頂招攬遊客「騎驢遊」的巴勒斯坦人。

　　錫安山和橄欖山在以色列的地位崇高，尤其是錫安山。「錫安」對於猶太人，就像耶路撒冷一樣，代表的是歷史，是故土，是家園，是信仰。19世紀末興起的「猶太復國主義」，用的詞就是「Zionism」（錫安主義）。在《猶太聖經》中，「Zion」指的就是「耶路撒冷」和「Land of Israel」。

Jerusalem

chapter 7

日新月異
耶路撒冷新區

▲ 圖 7-1 耶路撒冷新區街道的行人上下坡臺階。

耶路撒冷在第二次世界大戰後曾由聯合國管理，以色列並無控制權。1948-1949 年第一次中東戰爭勝利後，以色列佔領了耶路撒冷西部，建起了新區。

1980 年以色列國會立法確定耶路撒冷是該國「永遠的與不可分割的」首都，而巴勒斯坦自治政府也宣佈耶路撒冷將是未來巴勒斯坦國的首都。1975 年起，耶路撒冷超越特拉維夫成為以色列最大的城市。

現在耶路撒冷面積126平方公里，市區 109 平方公里，人口 80 至 100 萬。整個城市的佈局，東面老城小，西面溪谷地大，中間就是新區中心。

新區是瞭解和對比耶路撒冷猶太區當代經濟文化、生活狀況的極佳環境。值得一看的景點有：早期定居時代的風車磨坊；聖經年代傳說亞當頭顱埋葬地的「十字架修道院」；商業中心的本耶胡達步行街；文化藝術中心的耶路撒冷大劇院；以色列總統居住地；政治活動中心的市政府及其廣場；市井生活娛樂中心的馬哈雷耶胡達市場；五星級現代化的耶路撒冷珍珠大旅店，以及聖經大地博物館、法蘭西聖母大院等。

這些景點集中在方圓幾公里的市區。耶路撒冷是個山城，上下坡道和街巷臺階時有所見，公車不得不有繞圈。我選擇了步行挑戰，在新區遊覽了整整一天。

我從老城出發，向西向南。經風車磨坊，過總統居住地，在抵達西面溪谷地的十字架修道院後，掉頭朝東北雅法街 - 喬治王（King George）街 - 本耶胡達街的「三角商務中心」挺進。路線的沿途有多個景點。最後沿雅法大街歸返老城。

▼ 蒙特菲奧雷風車磨坊

　　蒙特菲奧雷風車磨坊（Montiflore Windmill）是新區的地標性建築，一個歷史見證。它由英國的猶太銀行家和慈善家蒙特菲奧雷資助，當年為的是幫助猶太人自給自足，發展工業。那是奧斯曼時期的 1857 年。

　　風車用於麵粉廠的磨坊。風車塔身用石頭建成，底部厚 3 英尺，高 50 英尺。石頭在當地採集，機械受到運輸條件限制，零部件用駱駝拉送後再組裝。風車磨坊與麵粉廠的運行並不成功，原因是所參照的歐洲軟小麥設計和技術，不適合耶路撒冷的硬小麥，風力也不夠強勁。

　　風車與工廠在 19 世紀後期關閉，20 世紀 30 年代英國當局曾將它修復。其後建築物再次惡化，直到 2012 年再次修復。這裡是感受當年猶太人的生活以及艱苦創業的地方。

▲ 圖 7-2 蒙特菲奧雷風車磨坊是猶太人建立新區的歷史見證。

▼ 耶路撒冷劇院

耶路耶撒冷劇院（Jerusalem Threatre）也稱「耶路撒冷表演藝術中心」，建於 1971 年。它內部擁有 950 座的大劇場、750 座的交響樂廳、450 座的禮堂、110 座的小劇院，規模相當宏大。

藝術中心的建造收到了在委內瑞拉發跡的猶太百萬富翁的大量捐贈，那個 950 座的劇場便以他的姓氏命名。另一個美國猶太百萬富翁為建新體育場捐贈了 900 萬美元，但市長說服他改投了藝術中心，所以那個 750 座的交響樂廳也以他的姓氏命名。

藝術中心內部還有不斷更新的藝術展覽大廳、書店與餐廳等。

▼ 圖 7-3 耶路耶撒冷劇院外景。

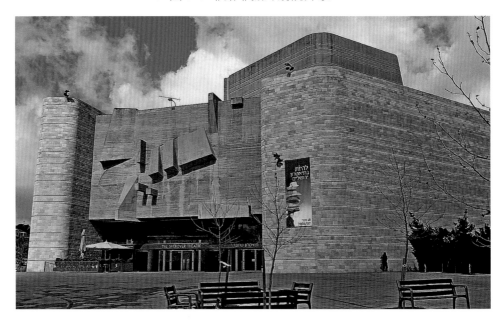

凄美 以色列

▼ 總統居住地

　　以色列最早的總統官邸是第一任總統的私人別墅，位於特拉維夫南20 公里一個叫 Rehovot 的小城。第二任總統住在耶路撒冷新區 Rehavia 的一個公寓樓裡，1963 年去世後，政府決定建造一個永久性的總統居住地。

　　最初的想法，是將它與政府辦公大院結合。但當時的第三任總統本人非常平民化，堅持說服了政府將總統官邸建在民居區，就是現在的Talbiya。那地方是個小坡地，選擇那種地形，是想意喻國家權力的「高」，但又不太高。

　　現在的總統居住地（President's Residence）建成於 1971 年，也叫「貝特-哈納西」（Beit HaNassi），即「總統的家」。

▲ 圖 7-4 總統官邸淹沒在樹叢之中，門口沒有明顯的警衛設置。

▲ 圖 7-5 聖經大地博物館，位於耶路撒冷西面溪谷博物館區。

▼ 聖經大地博物館

聖經大地博物館（Bible Lands Museum）是一個考古博物館，收藏了聖經中提到在這塊土地上生活過的各種族和人民，包括古埃及人、迦南人、腓尼基（Phoenicians）和波斯人，以及比較不太為人熟知的腓力斯人（Philistines）、阿拉曼人（Arameans）、赫提人（Hittites）等。

博物館建於 1992 年，主要館藏來自一位私人收藏家。他在 1981 年訪問耶路撒冷時，在旅館裡遇到一位女士，後者在交談中瞭解了他的收藏，鼓勵他將藏品帶到以色列來，並建立一個博物館。他們事後保持著聯繫，女士並介紹他與耶路撒冷市長聯繫，最終收藏家聽取了建議並建起了博物館。二位也由此因緣而成就姻緣，成就了一段佳話。

博物館位於新區西邊的溪谷博物館區一帶。

▼ 十字架修道院

十字架修道院（Monastery of Cross）是一個東正教的修道院，位於新區西面一大片低窪溪谷地，那塊地也因此而得名為「十字架谷」，離溪谷博物館區不遠。

修道院最早建於五世紀，所在地是聖經時代傳說中亞當頭顱的埋葬地。又有傳說，那是用來建造耶穌十字架的樹木生長的地方。修道院有一房間，專門留有當年亞伯拉罕賜給這塊土地的「三聯樹種」（Triple Seeding）橄欖、柏樹、雪松的標記。

修道院在 614 年波斯入侵時被破壞，八世紀時完全遺棄，剩餘的僧侶被阿拉伯人全部殺死。

11 世紀格魯吉亞僧侶將修道院修復，十字軍佔領時更是享受了一段美好時光，14 世紀甚至成了耶路撒冷的格魯吉亞社區中心，僧侶與學者人數高達數百人。

1267 年十字軍被趕走，阿拉伯的馬木魯克軍事集團將教堂拆毀，僧侶被驅，還修起了清真寺。後由於東羅馬帝國的壓力，1305 年僧侶被允許返回修道院。

修道院的身後與四周都能看到城堡及圍牆，那是因為它建於耶路撒冷老城之外，本身缺乏保護設施才加建的。

◀ 圖 7-6 十字架修道院位於城西的低窪溪谷地「十字架谷」。

▼ 本耶胡達步行街

　　本耶胡達步行街（Ben Yehuda Street）是新區最主要的一條街道，它與雅法街、喬治王街組成了「三角商務中心」。由於繁華熱鬧，現已關閉車輛交通，成了一條步行街。其名字來自現代希伯萊語的創始人本耶胡達（Eliezer Ben-Yehuda）。

◀ 圖 7-7 耶路撒冷新區最主要的街道是本耶胡達步行街。

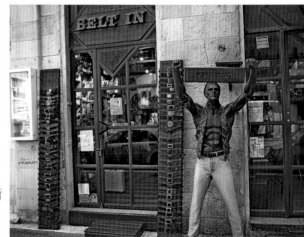

▶ 圖 7-8 本耶胡達步行街一帶街景。

▲ 圖 7-9 本耶胡達步行街入口處的以色列軍警。

　　這裡的商店種類繁多。露天咖啡店、街頭音樂家、喜劇俱樂部等發達歐美國家的流行習俗等，在此一樣可見，但是沒有那麼擁擠。

▲ 圖 7-10 本耶胡達步行街夜景，感覺還是安全的。

▼ 馬哈雷耶胡達市場

　　馬哈雷耶胡達市場（Mahane Yehuda Market）是一個遊客喜愛的大市場，原先是露天的，現有部分遮棚，在本耶胡達步行街西北不到一公里路處。

　　市場裡有二三百小商家，供應水果、蔬菜、魚類、堅果、種子、香料、服裝、鞋襪、葡萄酒、烈酒、家庭用品、烘烤食品等等。人們愛叫它「Shuk」，也是「市場」的意思。用這個名稱問路，更容易讓本地人聽懂。它周圍有不少消閒和餐飲的設施，是一個夜生活中心。

　　每到星期四和星期五，猶太「安息日」物品會充斥市場，因為星期五晚上日落之前幾分鐘開始到星期六晚上天空出現三顆星星為止，將是猶太人的重要節日「安息日」。

　　2002 年就在這個市場北部入口處的公共汽車站旁，發生過巴勒斯坦人的炸彈自殺攻擊。當時有 6 人遇難、104 人受傷。極端的阿克薩烈士旅聲稱對這起襲擊事件負責。

　　我去市場時，兩邊進出口處都有武裝制服軍警持槍站崗「把守」，令人想起這是一個特殊的國度。

◀ 圖 7-11 天色已晚，攤主們開始整理收攤。每個攤位都有這樣的鐵皮大櫃儲放商品。次日開鎖、擺上，便可重新開張營業。

▼ 市政府大樓及廣場

　　耶路撒冷市政府大樓及廣場，在老城雅法門外不遠的雅法大街上。市政廳建於 1993 年，市長及各市政當局機構均在大樓裡。

　　以前的市政廳大廈也在雅法大街上，但是小而分散。後有法國商人兼銀行家資助，建起了市政府大樓及廣場，並以資助者的父母姓名而命名。

◀圖 7-12 耶路撒冷市政
府大樓。

　　這裡的廣場舉辦過展覽，舉行過示威，以及各種各樣的活動，是耶路撒冷最具活力的社會和政治舞臺之一。

▼ 耶路撒冷新區與老城截然不同

　　耶路撒冷新區是個飛快發展的猶太人區，除了主要大街以及商業地段，猶太人口在這裡佔據主導。

　　法蘭西聖母大院（Notre Dame de France）是法國在巴勒斯坦存在與影響的宣示及驕傲的象徵，專供來到耶路撒冷朝聖的基督徒住宿用。這個巨大豪華的大廈，位於老城大馬士革門外的西南。

　　我在新區穿小街，過坡道，行蹤覆蓋了中心地段的約三分之一，感受了這裡的市井地氣。新區街道寬闊，建築齊整，別墅小樓抬頭皆是。居民

◀圖 7-13 耶路撒冷希伯萊大學，在老城東北。

▶圖 7-14 拉賓賓館（Rabin Guesthouse）位於西面低窪溪谷。

◀ 圖 7-15 鄰近耶路撒冷老城
雅法門的法蘭西聖母大院。

區平時人煙稀少，寧靜安逸，一派發達社區的典型氣象。商業區行人增多，也常見軍警，荷槍實彈，三五成群，這在老城裡是幾乎看不到的。

◀ 圖 7-16 雅法門外珍珠大旅
店，據説克林頓總統官訪的下
榻處。

這裡的普遍現象是：猶太人遵紀守法潔身自好，猶太區通常管理得當治安良好，但他們閉關自守冷漠孤傲，遭受恐怖攻擊的概率也高。巴勒斯坦人熱情外向待人隨和，卻也不乏肇事之徒，居民區擁擠雜亂管理低檔，但少有恐怖襲擊之憂。

耶路撒冷新區與老城的對比，反映的正是兩個同宗同根民族的差異？

Dead Sea

chapter *8*

世界的肚臍
死海

　　在耶路撒冷的2夜2天，是我逗留該城的第一階段。去南面繞一圈後，我會再來耶路撒冷。而此刻我的下一個目標，是去死海和瑪薩達。

　　以色列東有死海（Dead Sea），南有紅海（Red Sea），西有地中海（Mediterranean），北有加利利海（Sea of Galilee），都是歷史的勝地。我決定「四中選三」，割愛加利利海，因為它在北方相當偏遠，沒時間了。所以我第一個去的是死海。

　　死海是地球上最低最深的湖泊。湖面海拔負400多米，湖床海拔則近負800米。它的湖岸是地球上露出陸地的最低點，故有「世界的肚臍」之稱。

　　死海是含鹽量最高的水體之一，鹽份密度是海洋的近10倍。因為鹽多，海水呈現鈷藍色（比較深）。由於海水密度高達每升1.24公斤，致使人可以漂浮於水面而不下沉。

　　死海的高鹽度使得水中生物無法存活，而且沿岸也鮮有生物生長，故得「死」海之名。

　　數千年前開始，死海的奇特性質就吸引了地中海沿岸的遊客。當年希律王的死海度假村算得上是世界上的第一個「首創」，可見兇殘暴戾的他智商並不低。湖中的高鹽含量和礦物質，也提供了多種多樣的原材料和相關的產品，例如埃及木乃伊所使用的瀝青，製造肥料的鉀成份材料，甚至某些化妝品與草藥的原材料，都與之有關。

　　死海附近有個小古鎮叫恩吉迪（En Gedi），去死海就在這裡下車。它頗有些歷史故事。名字中的En是「春天」或「泉水」，Gedi是「孩子」，所以它的意思是 「孩子的春天」或「孩子之泉」，意境十分美好。

　　恩吉迪的歷史可追溯到前陶器 - 新石器時代。西元前630年猶太人在此建起第一個永久定居點。西元前587-586年巴比倫人摧毀耶路撒冷時，同時摧毀了這個村鎮。

▲ 圖 8-1 恩吉迪附近 90 號公路上有國家公路管理局標牌。這是一個國家擁有的公司，統管以色列全國與公共交通有關的基礎設施之規劃、建設、維護。

　　《舊約聖經》記載，以色列聯合王國第一位君主掃羅（Saul）王晚年多行不義，嫉妒仇視大衛，因為大衛也是先知「膏立」的王（用油膏塗抹而確立名分的宗教儀式）。大衛為逃避掃羅王的追殺，曾經逃到恩吉迪這一帶的沙漠裡躲藏，而兇殘的掃羅王則發誓，哪怕是恩吉迪最崎嶇的岩石，哪怕是野山羊才能上去的地方，也要上去抓住大衛。這類故事也在一定程度上反映了這一帶的地形地勢以及歷史地位。

　　歷史上的第二次猶太人大起義時，有一批游擊戰士就曾活躍生活在死海邊的這些荒山洞穴裡，被一些猶太人視為傳說中的救世主彌賽亞就要來到了。那是西元第一世紀的事。

　　去恩吉迪、死海、瑪薩達的公車，都從耶路撒冷中央站發車，以色列最大私營巴士公司 Egged Bus 的 444、38、4486、421 等，約每小時一班，相當準時。

▶ 圖 8-2 死海度假地不大，但也有象徵性的入口處，管售門票。

◀ 圖 8-3 死海度假地沿公路的一排頂棚走廊。

汽車駛離耶路撒冷不久就行進在沙漠荒野般的 90 號公路上。這條公路貫穿以色列南北，一直通向最南端的埃拉特。

我走到死海邊，彎腰去海裡摸了摸水，手指尖是一種很「油乎乎」(Oily) 的感覺，那是高濃度的鹽。

▲ 圖 8-4 遠處海灘上的小屋，是救生員的值班與觀察的工作室。

▲ 圖 8-5 在死海裡浮起的幾位遊客。

▲ 圖 8-6 從死海邊回望 90 號公路邊，沙漠荒野中的山丘。

　　我坐在海濱，眼見著海水托浮起七八個年輕的戲水兒，他們仰面而躺悠悠放鬆，時而傳來幾聲嬉戲細語；遠處大蓬傘遮護著鋪地而坐的一家子，一番休閒野炊的雅興逸致；頭上藍天淡雲和柔而不驕的日頭，默默俯視著地上人間……這裡的一片靜謐與安詳，使我幾乎忘掉了就在南邊不遠，一個截然不同的場景，一種悲壯慘烈的震撼，正在等待著自己。

Masada

chapter 9

神秘悲壯的
瑪薩達

結束死海度假村之旅，我進一步南下。去瑪薩達有 20 公里路程，車行不到一小時。

瑪薩達曾經是座宮殿式的城堡山，在以色列中部猶太沙漠東面邊緣一個孤立的高地頂上。那是一種斷崖式的高原地形，懸崖最高達 400 米。山頂平坦呈菱形，約 550 米長 270 米寬。四周還建有長 1300 米、高 4 米的圍牆。

這個雄偉壯觀的山頂城堡由希律王在西元前 73 年左右所建。

希律王屬於以色列歷史上最著名的三個帝王之一。排名前二位的，是明主大衛王和所羅門王。但希律王是位暴君，在西元之交被羅馬帝國指定為巴勒斯坦的代理王。

據說希律王曾救過凱撒大帝的命（也有說是他父親），有猶太血統但不「純粹」。《新約聖經》說，當他得知伯利恒有「聖主」誕生時，擔心會影響甚至削弱自己的權威，便下令殺害了伯利恒周圍境內所有兩歲以下的嬰兒。那正是耶穌誕生的年代。

希律王還殺死過一個老婆、兩個兒子、一個表兄弟。最後連忠於他的長子、可能的接班人也沒放過。所以史料有稱：寧當希律王的豬，不當他的兒子。

不過沒有可靠的史料證實希律王大批殺嬰一事。事實上他還曾提供糧食救濟過希臘饑荒，並因而當選過古代奧林匹克運動會主席。

此外，史稱「大希律王」（Herod the Great），也可看出評價並不低。因為他同時是個有能力、有遠見、有魄力的統治者，而且對建築情有獨鍾，並有相當的建樹。很多氣勢宏大、壯觀雄偉的宮殿城堡，均出自他和他的時代。他重修擴建了耶路撒冷的第二聖殿，他建起了港口城市凱撒利亞（Caesarea）和希羅多宮殿（Herodion），他還建造了這個瑪薩達城堡宮殿。

其中希羅多宮殿是唯一以希律王大帝命名的建築，紀念他西元前 40

年逃跑路上偶遇帕提亞（Parthia）帝國的軍隊，並將之打敗的一場大勝。希羅多也是個地名，據稱是希律王墓地所在。

在所有這些功績之中，第二聖殿的擴建是希律王一生最大的成就，歷史意義深遠。

瑪薩達最初是個宮殿，一個避暑夏宮。希律王看中它的戰略重要性，便加上了城堡圍牆，成了一夫當關萬夫莫開，與世隔絕的天塹絕地。

◀ 圖 9-1 瑪薩達山頂俯視圖，來自當局發放的資料。猶如一艘航空母艦迎面開來，頗有氣勢。

瑪薩達按羅馬風格設計。在山頂的「平地」上，建起了北宮殿和西宮殿、猶太教堂和拜占庭教堂，還有羅馬劇場、浴池、蒸氣室、塔樓、堡壘、倉庫、兵營、軍械庫，以及由雨水補充的儲水庫、蓄水池等，一應俱全。

希律王死後，兒子們分裂。猶太人反叛起義，羅馬人來收拾局面鎮壓反叛。羅馬軍隊攻佔了一個又一個城鎮，最終於西元 70 年重新佔領耶路撒冷，毀掉了聖殿山上的聖殿。不屈的猶太人中一批最激進的信徒們（Zealots）聚集於瑪薩達作最後的抵抗。

羅馬第十軍團的八千軍隊開到瑪薩達，在山下建起八個軍營將之團團圍住。他們用土與木混合，建起一道圍牆和一個斜坡，從西面向山上推進。猶太俘虜被強迫作為苦力從恩吉迪運送飲用水和食物作後援。儘管羅馬人

▲ 圖 9-2 漫延幾裡的上山小道「蛇徑」，可以看到有人在攀爬。

▲ 圖 9-3 瑪薩達山的纜車。

聲勢浩大，卻始終無法攻上山頂。山上猶太人算入婦孺老小，總共不足千人，依然頑強堅持了幾個月。

最後羅馬軍隊運來了帶有巨大撞牆錘的雲梯，從山腳向上衝擊山頂防禦牆，同時一步一步地堆高斜坡道向山頂逼近，並動用了輔助部隊，加上猶太人戰俘，共計 15000 名士兵輪番進攻。猶太人用土和木頭建起內圈第二道支持牆，但被羅馬人燒掉。最開始時，瑪薩達山頂的的猶太人向構建坡道的羅馬人投擲石塊，後來羅馬人迫使俘虜的猶太囚犯來建築坡道向上推進。瑪薩達的猶太人抵抗者決定選擇不殺害自己的同胞猶太人。

▲ 圖 9-4 曾經是最富麗堂皇的北宮遺址（部分）。

▲ 圖 9-5 拜占廷教堂遺址。

　　眼看著抵抗者的希望正在消失，他們的領袖雅利舍・本・雅爾（Eleazar Ben Yair）把人們召集起來，他發表了兩次演講，告訴並說服大家：最後的時刻到了，與其被俘判死或成為奴隸，猶太人寧可為自由與自己的親人尊嚴地死在一起。

　　四月十六日，羅馬軍隊最終得以衝上瑪薩達山頂。但他們期待的「征服」的狂喜並沒有發生。山頂上所有建築在焚燒，到處是一片寂靜和荒涼。他們沒有看到或抓到一個敵人，只有 936 具安詳躺著的屍體。猶太人寧死不屈。

　　山上的抵抗者究竟是怎麼死的？至今仍是個謎。

　　最流行的說法來自約瑟夫・弗拉維斯（Josephus Flavius）的記事。該老兄在反抗羅馬的大起義（Great Revolt）期間是加利利地區的司令官，後來投降了羅馬。瑪薩達被鎮壓時，他正在羅馬寫編年史。

▼ 圖 9-6 猶太抵抗者山頂住宿處遺址。

他的論述主要根據挖掘出土的文物和考證。也有一說，山上有兩個婦女和五個兒童藏於水溝而倖存。弗拉維斯氏也採用了他們的說辭。

據他記載，雅利舍‧本‧雅爾把全部 960 多人每 10 人分入一個方塊（lot）。每個方塊有一個行刑者（Executant）持刀執行。妻子和子女先躺下，丈夫用力側身緊抱家人，每個人都伸出了脖子，冷酷地等待那一刀。

所有方塊分別執行完畢後，剩下的人再遵循同樣規則分成方塊，再次執行。直到只剩最後一人是自殺。

有學者懷疑這種說法。因為猶太教強烈反對殺人和自殺。而且有報告說山上的糧庫其實並沒燒掉。還有歷史學家報導說羅馬人曾發現足以裝備萬人的武器及鐵器，說明領導人並沒打算放棄。

甚至羅馬軍隊攻破山頂的過程也有爭議：山上的抵抗者是否真的因為不願傷害被強迫打頭陣的自己的猶太同胞而被攻陷。

▶ 圖 9-7 山頂蓄水池 (Cistern) 遺址。

◀圖 9-8 羅馬軍隊的進攻的坡
道，一直鋪築到山頂。

◀圖 9-9 羅馬軍隊的攻破點
（The Breaking Point）。

　　約瑟夫 · 弗拉維斯的著作與至今的考古發現也有顯著的差異。由於
瑪薩達的地理位置偏離鬧市，加上沙漠地帶的乾旱環境，瑪薩達的現場在
兩千年裡，居然基本上沒有受到人類或大自然的觸碰和破壞。在進行發掘
的兩座宮殿中，約瑟夫說只有一個被焚燒，但是兩個宮殿的建築都有火燒
痕跡。他聲稱 960 多人死亡，但發現的遺體只有 28 具。

在 20 世紀 60 年代早期的考古發掘中，一粒二千年的種子發現了，並成功地發芽成長為一棵棗樹。它是直到 2012 年為止，世界上已知的最古老的發芽種子。一個新的紀錄誕生了。

所有這一切，更增添了瑪薩達的神秘和悲壯。

瑪薩達的陷落標誌著猶太人王國的徹底覆亡，猶太遺民從此開始了在世界各地長達 19 個世紀的流浪。瑪薩達是猶太歷史的一個重大轉捩點。

近二千年過去了。現在的瑪薩達是國家公園，2001 年被聯合國教科文組織列為世界遺產。現代以色列軍人入伍的第一課，就是來瑪薩達。這個傳統始於以色列國防軍參謀長摩西 · 達揚（Moshe Dayan）任期，他命令以色列裝甲部隊士兵在完成基礎培訓後，到瑪薩達山頂舉辦宣誓儀式。

士兵們在夜裡沿幾里長的小道「蛇徑」上攀，在火把照明的山頂遺址前宣誓。儀式的宣言是：「瑪薩達不會再次陷落！」誓死悍衛祖國和珍貴的自由。這個儀式現在改在了耶路撒冷城外的拉特倫（Latrun）。以色列學校也組織中學生來此接受愛國主義教育。

瑪薩達目前是以色列最受歡迎的旅遊景點之一。

我在展覽廳觀看介紹歷史的影片時，有一群中學生幾十人也在場。看到我這張中國臉，男女學生都顯出自然的興奮與熱情，主動用英文與我打招呼，然後是咯咯地笑。

最後我先行下山，當坐在候車小亭等車的時候，這群學生再次出現。我拿起相機，有幾位上前來到我身旁，我們一起流覽了我剛剛為他們拍攝記下的那快樂一刻。

▶ 圖 9-10 在山頂朝北看的景象。

這群學生大多是猶太人，也有一二個巴勒斯坦人。他們外向陽光。儘管現實嚴峻，依然快樂自信。我衷心祝福他們心中永遠光明、充滿希望。

◀ 圖 9-11 集體組織而來的中學生們，有幾位正向我走來。

▶ 圖 9-12 熱情活潑的當代以色列年輕人。

　　在當下，瑪薩達悲壯英勇的象徵意義已經不再僅僅是猶太民族文化和精神的標誌，更是屬於全世界和全人類。它已成為人類尋求自由、反抗壓迫、頑強不屈的寫照。

　　我在瑪薩達山頂徘徊了大半天。周圍的一切讓人心中十分壓抑。那近千人沉默堅毅，家人相擁的畫面好像就在眼前。猶太先人的血性和剛烈，深深震撼著我的心。要瞭解以色列瞭解猶太人，不能不來以色列，不能不來瑪薩達。這裡的山上殘垣斷牆，這裡的四周一片荒涼。東邊死海上方，低空的大片黑雲慢慢壓將而來，一陣山風吹過，我頭上戴著的帽子掉地⋯⋯

▲ 圖 9-13 東眺死海和對岸約旦，低空大片黑雲慢慢壓將而來。

　　脫帽吧，你的面前是自由不屈的英靈。

　　風瀟瀟兮，瑪山悲涼。
　　壯士去矣，空餘斷牆。

　　自由無價兮，寧死不降。
　　天地同泣兮，萬古流芳。

chapter *10*

紅海明珠
埃拉特

Eilat

埃拉特是以色列最南端一個數萬人的港口城市。它西面是埃及的西奈半島，東面是約旦第二大城亞喀巴，南面緊臨亞喀巴灣（Gulf of Aqaba）和紅海，是個氣候溫暖、湖光山色的旅遊勝地。

埃拉特地處邊遠，防衛和反恐任務繁重，主要由城市獨立擁有的武裝來擔任。這支部隊名叫「洛塔爾·埃拉特」（Lotar Eilat），是國防軍屬下的一個預備役特種部隊，訓練重點是反恐和人質救援。以色列僅有三支這樣的特殊隊伍，可以自行決定發起解救人質的行動。其兵源也有特別規定，必須是當地 20-60 歲的居民。

在 2007 年 1 月 29 日之前，埃拉特從未有過恐怖攻擊，但它還是發生了。那一天，來自加沙的恐怖分子滲透到埃拉特北郊，當員警走向他時，他跑進了一家麵包店並引爆了身上的炸藥，炸死炸傷三位平民。

埃拉特作為避暑和旅遊勝地，在中東以及歐洲均有名聲在外，遊客來自以色列國內外。

埃拉特也是去約旦的主要過境點，離邊境只有幾里地，甚至步行就可到達。此外，著名勝地佩特拉在約旦南部，離埃拉特不遠。佩特拉是新世界七大奇蹟之一。

我在瑪薩達山腳下小亭裡等待去埃拉特的汽車時，一輛卡車駛過，幾十米後又停住，司機探出身子，回頭大聲問我：To Jerusalem?（是去耶路撒冷嗎？）明顯想要捎我一段路，我搖手指指反方向，大聲說：No, thank you!（不了，謝謝你！）心裡有的是感動。

下午 3 點半車來了，車不擁擠。汽車沿 90 號公路南行。窗外依然是沙漠地，窗裡依然一片安靜。

兩個多小時後，汽車在一個大休息站停靠 30 分鐘，那裡有商場和餐館。大家上廁所、休息、吃東西。

我在露天小桌旁坐下。這麼多人集中的加油站，讓我有一絲絲擔心。

◀圖 10-1 瑪薩達山腳一同等車的巴勒斯坦人，等車不忘祈禱。

◀圖 10-2 去埃拉特的公車行駛在 90 號公路上，左邊有山脊。

◀圖 10-1 去埃拉特的公車行駛在 90 號公路上，右邊是荒漠山脊。

不經意間，發現正前方的鄰桌坐著一位制服軍人，右手肩背的正是一把半自動步槍。那軍人將槍把壓低在桌面之下，沒有顯出張揚。

◀圖 10-4 休息站鄰桌一位以色列軍人，肩背半自動步槍。

　　不一會兒來了位同車的年輕人，朝我做了個手勢，問：可以坐嗎？我笑著點頭。

　　年輕人會英語，也去埃拉特。他說他是猶太人，甚至主動說自己是軍人。我有點意外他的坦誠，因為他身著的是便衣。說話間我提到一個多月前埃拉特發生的自殺攻擊。

◀圖 10-5 休息站閒聊的以色列便衣軍人，年輕友善的帥哥。

我問：巴勒斯坦人也可以居住並進出猶太人區，是吧？

他說：是的，只要有合法居住證就行。

我問：那怎麼防範自殺攻擊呢？巴勒斯坦人能分辨出來嗎？

他說：巴勒斯坦人一般能認出來的。

說著，他看了看我身後鄰桌的三個男子，對我說：那裡就有兩人是巴勒斯坦人。我轉臉掃了一眼。那兩人臉色稍黑，衣著更隨意「邋邋」些，氣質也似有不同。

我問：你們是否有專門的訓練，來識別自殺攻擊者？

他說：是的。炸彈手身上有炸藥時，穿著一般會異樣，行為也有不同。很多情況下可以感覺出來。

他又說：看到可疑的人，值得懷疑就可檢查他。一查問，他的反應和表現就更容易判斷了。

這時的休息站人來人往，繁忙熱鬧。要不是看到以色列軍人和肩扛著的長武器，感覺不出與美國有什麼兩樣。

汽車重新上路，又行進了一個多小時。到達埃拉特總站時天色已黑，在夜色中感覺城中燈火「燦爛」，不像是只有幾萬人的小鎮。

到站後剛下車，就有十來個當地人趨前，是出租司機們。他們通常也兼做家庭旅館。

我想先找到去邊境的 15 路汽車明天用，但沒找到。那些人告訴我 15 路車停開了。

各旅館的開價都差不多，有一位老者表示願意離開時送我去邊境，不另收錢，我就上了他的車。

旅館位於一個新開發地段，小街巷內棕櫚樹茂密，樹下樹後別墅小樓幢幢，街心花圃和院牆樓前不同花木有紫紅有淺白，十分恬靜優雅的環境。

▲ 圖 10-6 埃拉特市內一條主要馬路。

▲ 圖 10-7 我所住家庭旅館所在的小「巷」，逸靜優雅。

▲ 圖 10-8 家庭旅館小游泳池。10間房住的多為單身學生遊客。

▲ 圖 10-9 家庭旅館房間內景。

▲ 圖 10-10 家庭旅館的按摩浴缸，只有我的房間有此裝備。

第二天一早，我便起身上街了。埃拉特不大，很美很整潔。步行可輕易走到市中心，市中心又恰在海邊。海邊招攬和接待遊客的折疊椅和遮陽傘等還擺在現場，但已經沒有了熙熙攘攘的人群。可以想像旺季時這裡一定很熱鬧誘人。

其實我並不很在乎那些活動，我更願意漫步海濱，面對博大深邃的海空，獨自暇想發呆。眼前的紅海沒有絲毫的「紅」色，偶爾駛過的小艦小艇會在水面劃過又長又細的線條，遠處的幾重山巒起伏，顏色深淺不一，帶給人某種變換莫測與高遠深邃。忘卻一切人世間的煩惱，翱翔遊弋在千年古老的阿拉伯傳說中，眼前的紅海真有一種說不出的神秘莫測。

▲ 圖 10-11 街頭小公園及軍人雕像。

▲ 圖 10-12 靠近海濱的商業區大樓,這是一個商廈(Mall)。

　　我還在主要街道上打聽,想找到那家自殺攻擊的咖啡店。據說那個自殺攻擊者去的那個小店,當時就有人覺得他衣飾和舉止怪怪的。但埃拉特歷史上從未發生過這種事,所以有點疏忽了。事後以色列軍方對加薩進入以色列區的檢查點(Check Point)的疏忽也大為震驚。不過埃拉特本地多為猶太人,對這種事不太願意多說。

▲ 圖 10-13 從埃拉特去約旦邊界的公路入口處。

▲ 圖 10-14 埃拉特紅海邊向西岸觀望。

▲ 圖 10-15 埃拉特紅海邊向東岸觀望。

chapter *77*

約旦國寶
佩特拉

Petra

在約旦南部，海拔近 1000 米的高山峽谷中，隱藏著一座千古奇觀的歷史名城。城中的建築幾乎全部在山岩上雕鑿而成；全城貧瘠沙漠地的供水，全靠人工收集來實現；進入城池的唯一通道，是一條長達 1.5 公里、最窄處僅 2 米寬的峽谷；「一夫當關萬夫莫開」的險峻隱秘，在這裡赫然天成；更讓人百思不得其解的是，它的主人在敗於羅馬征服者後，竟然神秘消失，銷聲匿跡近千年，沒留下任何蹤跡與記錄。直到 19 世紀一位年輕的瑞士探險家，在戰亂中冒著生命危險，隻身潛入此地，才使之重見天日。

它，就是世界奇蹟佩特拉！

西元前 312 年，阿拉伯遊牧民族納巴泰人（Nabataeans）從阿拉伯半島來此選為定居地點，紀元交替之際建佩特拉為其首都。它很快控制了阿拉伯半島與地中海間的東西陸上商路，迅速繁榮發達起來，疆土一度擴展到大馬士革。西元二世紀羅馬人征服佩特拉，納巴泰人及其王國一夜之間覆亡消失。西元三世紀從紅海出入的南北海上商路興起，佩特拉開始衰落。等到七世紀阿拉伯人到來此地時，佩特拉早已人去城空，慘遭遺棄。

有人曾將納巴泰古文明的突然消失，比之於南美印加文明的迅速覆滅。但後者是由於西班牙探險家帶去的疾病而滅，至少歷史還給出了一種說法。而納巴泰文明消失的前因後果，沒有留給後人絲毫的蛛絲馬跡。

19 世紀時，佩特拉所在的穆斯林世界處於戰亂，與西方完全隔絕。除了阿拉伯沙漠民族貝都因人（Bedouin）外，無人敢涉足此地。1806 年曾有一德國學者試圖藉口「好奇」而溜進那一帶，最後慘遭殺害。對於西方人來說，那是一個兇險之地。

1812 年，研究阿拉伯文明的瑞士年輕探險家約翰・伯克哈特（Johann Burckhardt），因穿越西亞阿拉伯地域赴非洲的需要，準備並學會了阿拉伯的語言和風俗。他決心利用這次路過佩特拉一帶的機會，去奮力一探究竟。歷史的機會終於留給了有準備的勇者。

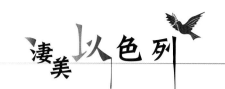 

　　他膽大心細精心策劃。他蓄長鬚、讀古蘭經、改阿拉伯名、裝扮成阿拉伯人，以避開當地貝都因人的警覺和懷疑。他自稱伊斯蘭學者，雇傭當地嚮導直奔傳說中的「亞倫墓」（Tomb of Aaron）。「亞倫」是聖經中的人物、摩西的兄弟。據說他的埋葬地就在佩特拉所處的山谷盡頭。

　　緊張而激動的時刻終於到來。當他一步步走進、走完狹長險峻的西克（As-Siq）峽谷，當驚人的金庫寶殿一刹那巍然聳立在眼前，那一刻他熱血沸騰，他確信傳說中的佩特拉就在這裡，就在眼前！但他努力壓制住自己的激動，竭力不露一點聲色。他裝作匆匆地巡看了一兩個遺跡，只逗留了一天，就悄然迅速離去。他在當天的日記中按耐不住興奮，驚呼一般寫下了濃重的一筆：這裡很可能就是古城佩特拉！

　　這是宣示歷史的一刻！這一天是 1812 年 8 月 22 日。

　　神密傳奇的佩特拉從此得見天日，但是它依然是個沒有完全解開的謎。在兩千年前曾經無比的繁榮與宏偉，然而在敗於羅馬人後，為何納巴泰人在消失時沒留屍骨，沒留典籍，僅在石崖上留有一些刻下的圖案文字。至今無人破解這一切，始終無人知道究竟發生了什麼。那一段人類文明，來也匆匆去也匆匆，似乎一夜之間消失在歷史的長河中，空留一整座石頭古城，留給現代人去作無盡的苦思和探索。

　　佩特拉在 1997 年被列為世界文化遺產，2007 年被選為世界新七大奇蹟。它現在是約旦的國寶和象徵，也是世界上最著名的考古遺址地。

　　佩特拉的獨特與神奇是世界上絕無僅有的。在方圓 20 平方公里、群山環繞的沙漠荒地和懸崖石壁上，雕琢開闢出了宮殿、寺院、劇場、住宅、浴室、倉庫、墓穴等等一應俱全的古代都市，精雕細刻，雄偉壯麗。令人不可人思議！

　　那裡的岩石帶有珊瑚寶石的微紅色，在猛烈的陽光照射下熠熠發亮，十分美豔。而且在希伯來語裡佩特拉就是「岩石」之意，所以佩特拉又被稱為「玫瑰石城」、「玫瑰之城」、「玫瑰城」。還有 19 世紀的英國詩

人柏根（J.W. Bergen）的一首詩，稱之為：「一座玫瑰紅的城市，其歷史有人類歷史的一半之久」，更使佩特拉名聲大振！

佩特拉也是傳說中，聖經人物摩西「欽」點出水的地方。古希伯萊人逃出埃及之後，曾在荒野之地生活了 40 年，那個荒野之地就在這一帶。摩西後來找到了救命之水，也是在這一帶。佩特拉所在的亞喀巴灣大山谷中的那個斜坡，就是聖經中所說的霍爾山（Mount Hor）。霍爾山是《舊約聖經》中，摩西的兄弟亞倫的死亡之地。

想到親臨佩特拉很快就要實現，我竟也有了當年探險家那樣的激動。

以色列出境很順利。入境約旦一開始有點小混亂，後來工作人員把外籍面孔叫到單獨的窗口，我們總共三人，情況就好了。

我在邊境兌換了 120 美元，約為 73JD（約旦元）。另二位年輕人來

◀圖 11-1 離開以色列邊境。

▶圖 11-2 走向約旦邊境。

自美國芝加哥大學，我們結伴而行。

約旦境內有出名的 JETT 公車（Jordan Express Tourist Transportation）一天兩班從亞喀巴去佩特拉，車票 2JD。但邊防站沒有車站。結果我們剛走出邊境站，就有計程車在等生意。我們上車，定價 40JD。

上高速前我們進了趟亞喀巴，芝加哥學生要提款機取錢。天已大亮，街上卻少有行人。城市不大，樓房不多也不高，卻很乾淨。

去佩特拉的高速共分三段。

第一段亞喀巴高速（Aqaba Highway），也叫 80 號公路；然後是沙漠高速（Desert Highway），也叫 15 或 47 號公路；最後最長的是國王高速（King Highway），也叫 35 號公路，那是條關鍵的新高速公路。一路上車輛很少，兩旁也不繁華，卻很乾淨安靜。

◀圖 11-3 高速公路邊上能看到駱駝，而且是在公路的裡側！

◀圖 11-4 高速公路上也不乏豪華車。

在行駛了約 60 公里處，我們看到了「月亮谷」。那是一個有名的旅遊地，正式地名叫「瓦迪拉姆」（Wudi Rum），是砂岩、花崗岩組成的山谷，也是約旦最大的旱谷。那裡有史前以來各族文明留下的岩畫、塗鴉、寺廟等遺跡。它最出名的故事，是 20 世紀初英國的「勞倫斯」（Thomas Edward Lawrence ）在這裡的活動，以及後來寫成的書。他作為作家、考古學家、軍官和外交官，使得月亮谷「紅」了起來，尤其是他的那本書，為他獲得了國際聲譽，被譽為「阿拉伯的勞倫斯」。他的故事還拍成了 1962 年的同名電影。

▲ 圖 11-5 經過大名鼎鼎的月亮谷。

月亮谷的特殊地形地貌，也深受好萊塢製片人的喜愛，很多大片都曾在此地拍攝和取景。

月亮谷現在已經成為約旦的重要旅遊景點。活動以跋涉、登山、攀岩為主，還有騎阿拉伯馬的體驗等。其中有一項是在星空下露營，體驗那種荒漠明月，萬籟俱寂的俠骨柔情，極受海外遊客歡迎。

2 個半小時後，我們走完了全程的 126 公里。計程車拐過一個山坡，山下出現了一個小鎮。司機說：到了。

◀ 圖 11-6 左前方就是穆薩谷小鎮，
前往佩特拉古城的落腳點。

佩特拉東邊的小鎮穆薩谷（W ADi Musa），是去佩特拉古城的落腳點。司機推薦並將我帶到了「情人酒店」（Valentine Inn）。我稍事休息後，便迫不及待地開始了期待中的佩特拉之行。

▲ 圖 11-7 我所住旅館的外景。

▲ 圖 11-8 我的旅館內部，上樓的樓梯。

▲ 圖 11-9 房間牆上的阿拉伯
美女圖。

▲ 圖 11-10 佩特拉進門後，眼前的土路分為雙道。

　　穆薩谷小鎮離佩特拉還有 1.4 公里的山坡路。沒有公車，但旅館有專車免費接送，一天固定時間有幾次。我乘車而去，步行而歸，沿途去鎮裡轉轉。

　　佩特拉門票 20 多 JD。進大門後，眼前的土路分為雙道，有驢馬、駱駝等代步服務與人共享共用。百米之後，路邊開始出現遺址景點。

▲ 圖 11-11 佩特拉入口通道上，典型的阿拉伯騎士馬上英姿。

▼ 金恩神石

　　「金恩神石」（Djinn Blocks）是進入景區的第一個景點，在大路右側。它們像三個蹲著的巨物，其實是種「碑」。它們也叫「神塊」（God Blocks）。「金恩」據稱是一種兇惡的魔鬼，是早期阿拉伯和後來伊斯蘭神話與神學中的一種超自然生靈。它由阿拉伯文的「精神」（Spirit）引申而來。碑是納巴泰人在西元一世紀所建。

▼　圖 11-12 金恩神石就是圖中正前方的幾個大方塊建築。

▼ 方尖碑

　　「方尖碑」全稱「Obelisk Tomb & Bab As-Siq Triclinium」，位於佩特拉西克峽谷的起點附近。那是一高大的墳塋，上面有 4 個排在一起的方尖碑，故得此名。中間還有一個已經消蝕的人像雕塑。西元前一世紀所建，是個埋有 5 人的墓穴。

▲ 圖 11-13 高大的方尖碑。

▼ 阿爾麥特倫隧道

　　阿爾麥特倫隧道（Al-Muthlim Tunnel）是一個貫穿峽谷的隧道，起點在西克峽谷入口處右側，是一個不引人注意的「洞口」。它全長 88 米長，用來把西克峽谷入口處的水引至佩特拉的城市中心地區，而不要進入峽谷外面露天的通道裡，以免影響進出佩特拉的「交通」。

▼ 西克峽谷通道

西克峽谷是佩特拉第一個令人驚歎的重要景觀，也是古城佩特拉的主要入口。它的字面意思是「軸」，名符其實。它是那種「一線天」式的峽谷，昏暗狹窄，長達 1.5 公里，最窄處僅 2 米左右。

古時候大篷車就從這裡進入佩特拉城。峽谷兩邊岩壁上時有壁龕雕塑，壁龕上常有一種叫 Baetylus 的「神聖的石頭」。這種神石（例如隕石）據說被賦予了生命，是古代納巴泰人崇拜的對象。

置身於西克峽谷，兩邊陡岩峭壁，四周靜寂空靈。沿著蜿蜒的通道，向前緩緩而走，是一種時光倒流般的奇特感受。尤其在不知不覺中來到峽谷盡頭之際，高大壯麗的金庫寶殿巍然聳立在前的那一刻，眼睛突然為之一亮！

西克峽谷的入口處

▲ 圖 11-14 西克峽谷通道入口處。

▲ 圖 11-15 西克峽谷通道入口處的壁
龕雕塑。

▲ 圖 11-16 西克峽谷通道有「一線天」
之韻味。

原先還建有拱門，但在
1896 年損壞崩塌。目前
只有兩個基座和建造拱門
的大石被挖掘了出來。拱
門的原始設計形象，曾在
後人的一些藝術作品例如
石板畫中出現過。

▶ 圖 11-17
西克峽谷通
道也有「峰
迴路轉」。

▼ 卡茲涅金庫寶殿

　　「卡茲涅金庫寶殿」（Al-Khazneh Treasury）簡稱「金庫寶殿」，是佩特拉古城最絢麗奪目的一塊瑰寶。它位於西克峽谷通道的盡頭，是古城佩特拉真正開始的地方。和城裡其他所有建築一樣，它也是在砂岩岩石表面雕鑿而成的，但它無疑是最精心最壯觀的一座。

　　納巴泰人建造金庫寶殿在西元一世紀初，已處在希臘化（Hellenistic）和羅馬帝國時期，所以建築風格已有古典希臘的影子。

▲ 圖 11-18 金庫寶殿，佩特拉古城最絢麗奪目的一塊瑰寶。

▶ 圖 11-19 金庫寶殿上的多層雕琢藝術。

▲ 圖 11-21 金庫寶殿的禮儀制服軍警。　　　▲ 圖 11-22 金庫寶殿的制服軍警。

　　寶殿有二層高。上層雕琢著幾位在希臘神話中稱為「亞馬遜」（Amazon）的女性武士在跳舞。下層入口處兩邊，是希臘和羅馬神話中的雙胞胎 Castor and Pollux 的雕像。最高處有四隻鷹，意味著人的靈魂將被它們帶走。

　　這神話故事中的一對雙胞胎屬於異父同母，一位是「人」斯巴達國王之子，一位是「神」宙斯之子。他們部分生活在奧林匹斯山，部分生活在地獄。真所謂：神話中一切皆有可能。

　　金庫名字中的「財寶」（Treasury），來自當地貝都因人的一種傳說，據信金庫的二層曾經是土匪和海盜藏匿戰利品的石窟，所以 20 世紀時佔據此地的貝都因人曾朝石窟射擊，企圖打開石窟取得寶藏。在石窟上甚至還能看到殘留的子彈痕跡。也有傳說，它在摩西時代曾是埃及法老的寶庫。

▲ 圖 11-20 金庫寶殿前的小廣場，是遊客集中的休閒區。

　　金庫寶殿是世界藝術文化界的大愛。它多次出現在電影電視以及各種系列節目當中。最出名的是 1989 年好萊塢大片《印第安那瓊斯》（Indiana Jones）和《末日十字軍》（Last Crus ADe）。

▼ 大劇院

從金庫寶殿的右側繞出去，眼前出現的是「外街」（Street of Fac ADes）。它兩旁的山坡上下排列著大小不一的墓穴。200 米後外街向右拐彎，那裡是一座羅馬式的大劇院（Threatre）遺址。它是納巴泰人在羅馬人入侵前很久所建，所以原先的風格實際是希臘式。羅馬人接管後翻新了這座建築。

大劇院建於西元一世紀，同樣是從堅硬的岩石中雕鑿而成。後面原先有的墓穴為了建造大劇院而被移除，留下了一些洞穴。現在大部分舞臺已被洪水沖壞沖走，座席也嚴重惡化。

這座大劇院雖然在保留的完整性上比不上約旦安曼和傑拉什（Jerash）的羅馬劇院，但它 8500 人的容量，已經超越了安曼的那個，令人印象深刻。

▲ 圖 11-23 貌似羅馬式的大劇院。

▼ 烏爾姆墓

　　外街從大劇院開始向北拐，右側坡地上也排列著好幾個墓穴。其中有五個是「皇家墳塋」，烏爾姆墓（Urn Tomb）是其中之一。所埋的據信是西元前 9 年至西元 40 年的國王阿雷塔斯四世（King Aretas IV），或者是西元 40 至 70 年的國王馬利金斯二世（Malichus II）。

▲ 圖 11-24 皇家墳塋之一的烏爾姆墓。

▼ 宮殿陵墓

　　宮殿陵墓（Palace Tomb）非常大，有三層高。設計參照了羅馬式宮殿。墓的前方有個大舞臺，舞臺前還有個大前院。據說這麼大的墓穴，是為國家級的葬禮而建造的。

▲ 圖 11-25 宮殿陵墓。

▼ 佛羅倫斯陵墓

宮殿陵墓北面是佛羅倫斯陵墓（Sextius Florentinus Tomb），它建於西元126至130年間的羅馬帝國時期。入口處有碑文，後牆上有五個雕琢。

▼ 柱廊街道

在宮殿陵墓附近，街道開始向左拐，那裡就是貫串東西的柱廊街道（The Colonn ADed Street）。街道兩邊有很多未曾挖掘的廢墟遺跡，在近千年的洪水不斷沖洗中，嚴重受損。

◀ 圖 11-26 俯視柱廊街道。

▲ 圖 11-27 西邊山嶺上宏偉的代爾修道院。

▼ 代爾修道院

柱廊街道西邊的盡頭，是一座山嶺。佩特拉排名第二的宏偉建築代爾修道院 （ AD-deir Monastery），就在它的山頂。

上山約有 850 個臺階。遊客也可以騎驢上山，但小道崎嶇騎驢需要勇氣。攀爬十分辛苦，卻非常值得。因為代爾修道院是佩特拉的地標性建築，甚至比卡茲涅金庫寶殿更大更雄偉。

代爾修道院本身高寬各約 45-50 米，建於西元一世紀。它其實並不是修道院，似乎也不是陵墓。它的正面設計與佩特拉的其他大多建築都不同，卻與金庫寶殿相似。

它的頂層設計也是一個斷開的山牆，上下兩層的多個園柱打磨得光滑圓潤，十分了得。但是比起金庫寶殿，它的精雕細刻環節明顯減少。

佩特拉從入口到最盡頭的修道院遺址，總共五、六里遠。沿途奇景連

連，美不勝收，最快也需好幾個小時，看得仔細甚至一天都不夠。

　　傍晚我從佩特拉走回旅館，沿途及小鎮上的人非常友好。走近旅館時，臨街一小樓三層陽臺有一女子遠遠地在招手。我環顧四周並無他人，確定她是在向我招呼，熱情好客可見一斑。

　　旅館也提供晚餐，家庭自助式需要預訂。一個大方桌上擺滿了二三十碟主副食菜餚，典型的當地食物。旅館遊客二十多人將客廳塞得水泄不通。晚飯後大家繼續在沙發上閒聊，或者翻看牆邊的遊客留言本。世界的各種文字都在厚厚的幾個本子上留下了密密麻麻的文字或圖畫印記。看得出來，幾年裡絡繹不絕來到這裡的人們，都很難忘逗留於此的暫短時光。

　　晚飯後我在附近街道小逛。路燈昏昏，很少行人。我在問路時遇到一位

▲ 圖 11-28 我的旅館主人，熱情的約旦人。

▶ 圖 11-29 夜幕
將臨小鎮穆薩谷。

▶ 圖 11-30 夜幕
降臨小鎮穆薩谷。

年輕人，他的小店鋪就在路邊，聊上幾句後他熱情邀我進門一坐。店鋪寬敞，
但沒有什麼顧客。他問我白天對這裡的印象，又問清了我從美國來，流露出
好奇與期待。問我怎麼去的美國，如何移民？他有親友在美國加州，也在邀
請他去美國發展，他還在猶豫能否適應得了？我們就這樣閒聊了將近半個多
小時。

　　當天晚上我早早就睡了。不知在什麼時候，一聲長長的男中音誦詠調
調將我喚醒，是高音喇叭連續發威的低吟聲，無可抗拒地傳進窗戶臥室，
我馬上明白，伊斯蘭的早禱告開始了，只是我沒想到會來得那樣早：清晨
4 點半才剛過！

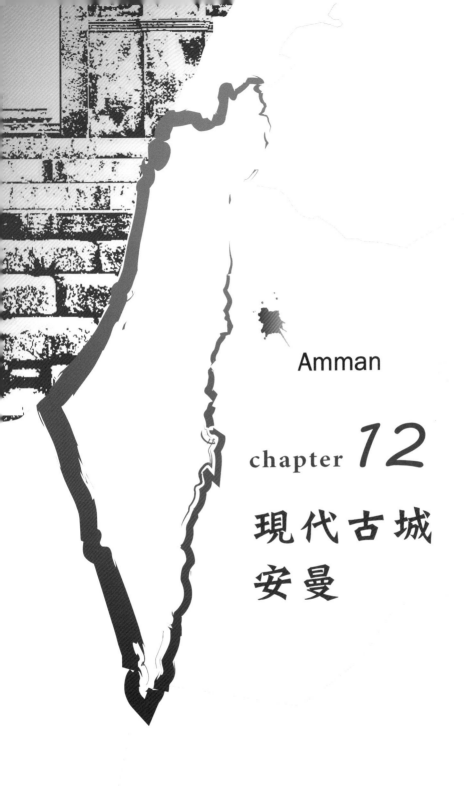

Amman

chapter 12

現代古城
安曼

約旦首都安曼歷史悠久，卻很現代。在阿拉伯各國中，它的世俗化、自由化、西方化程度最高；在伊斯蘭世界裡，它是最好最受遊客歡迎的城市之一；在中東和北非城市中，它是外國遊客第四多、遊客消費世界第九高的大都市。

安曼是近東最大最古老的居住區之一。已發現的村落遺跡可以追溯到西元前三、四千年的新石器時代（Neolithic），甚至更早。三千年前它便是亞蒙人（Ammonites）一個小王國的首都，當時稱「拉巴斯·亞蒙」（Rabbath Ammon），因為亞蒙人信奉的古埃及太陽神也叫「亞蒙女神」，連希伯萊聖經中都提到過這個拉巴斯·亞蒙。後來「拉巴斯·亞蒙」才逐漸簡稱為「亞蒙」（Ammon）。

此後歷經亞述人、迦勒底（Chaldea）人、波斯人、亞歷山大帝國、羅馬帝國、倭馬亞人、奧斯曼帝國等的統治，在亞歷山大時期改名為「費拉德爾菲亞」（Phil ADelphus），這是來自古埃及托勒密二世的名字，在古希臘語中有「兄弟之愛」的意思。到了西元 635 年阿拉伯人時代，名字改回了「安曼」（Amman），一直沿用至今。

安曼從古到今的發展過程中，從阿拉伯伊斯蘭帝國的第一個世襲制王朝倭馬亞（西元 661-750 年）開始，直到 1878 年從西亞高加索來的切爾卡斯人（Circassians）來到這裡定居，安曼有過衰敗與廢棄，曾導致人類居住的中斷，只有貝都因人和季節性農民偶然來此居住。儘管如此，安曼仍被認為是世界上最古老、連續有人類居住的地方。

安曼位於約旦中部偏北，靠近約旦河和死海。整個城市座落在七座小山上，所以又有「七山之城」之稱，後來擴展至十四座。由於地處東西交通要道，加上丘陵地帶氣候宜人風景秀麗，早在羅馬統治的幾個世紀裡，安曼便是繁華的商業樞紐。現在它是中東地區重要的商業中心、金融中心和交通中心，許多西方跨國公司在中東的總部便設在這裡。

我從佩特拉出發去安曼，坐的是公車。前一天問好了「約旦旅遊快車」JETT 的情況，那是約旦的最大公車，卻依然不很規範，甚至都沒有車站

牌。當地人告訴我，出發站雖然不算遠但不好找，最好叫計程車拉到車站再等車才可靠。

所以那天我一早便結清了旅館，叫計程車去了「車站」，1JD 不到半里地的樣子。果然那裡像個農村，沒什麼標記，只有三三兩兩的人在等車。車來得晚，還算整潔，也不擁擠。上車後一問，車程約 3 小時，車票4JD。

同車的約旦人穿著整齊友好禮貌，一路上車裡很安靜。近午時抵達安曼，一出總站，馬上圍上來近十個計程車司機。

我出示旅館地址，有人開價 4JD。佩特拉來安曼才不過 4JD，我搖頭。又有人說 3JD，我再搖頭，走開。幾步路後，來了一位願出 2JD，我還價1.5JD，他同意了。

我的旅館在老城鬧市，老式街道橫七豎八寬窄不一，人來人往熱鬧嘈雜，我有了一種回到童年上海老馬路的感覺。計程車停在大街口，司機告訴我直走上小街就是。我下車按他說的走，在小巷口停下腳步。張望間，巷口坐著的一位長者說話了，嘟嘟喃喃聽不懂。他手朝裡面指，我抬頭望去看到了旅館牌子。我朝他笑笑，說了聲謝謝。老人家慈祥地笑，比劃著手，不知是祈禱還是祝福。

旅館老闆是個中年男子，帶我到三樓的房間。旁邊有人在施工，我要求換到樓下安靜處，他滿口答應。那天晚上我覺得冷，老闆馬上送來了電加熱器。

我同旅館老闆說起到達時的計程車，老闆說：從汽車總站來這裡不算遠，0.5JD 就夠了，最多 1JD。

安曼城區不大，分東部老城和西部新區兩塊。老城與新區並無城牆分隔。

老城古蹟和景點集中。一條候賽因大街 (King Hussein Street) 橫貫東

西，沿街兩旁尤其是東南角，幾乎囊括了所有主要古蹟。它們是：安曼古城堡（Amman Cit ADel），考古博物館（Archaeological Museum），皇家宮殿（Royal Palace），阿卜杜拉國王清真寺（King Abdullah I Mosque），大侯賽尼清真寺（Grand Husseini Mosque），羅馬露天劇場（Roman Amphithreatre）遺址，露天集市西克（Souq），以及噴水池遺址（Roman Nymphaeum Amman）和聲樂門遺址（Odeon）。

新區有約旦國會大廈（Parliament Building），現代商業區等，還有約旦大學，皇家文化中心，烈士紀念碑。

我在安曼逗留了1天1夜。主要目標是老城，剩餘的時間也去了新區。由於城區較小，步行完全可行。在遺址景點裡倘佯，在市井小民中穿梭，老城比我想像的更擁擠更熱鬧，白天車水馬龍，夜市燈火珊闌。一些地方的時尚與都市感並不輸西方。

▼ 羅馬露天劇場遺址

羅馬露天劇場又叫「羅馬劇院」（Roman Threater），遺址在安曼老城東南，是一個著名地標，建於羅馬時期的西元 138-161 年。當時安曼還叫費拉德爾菲亞。劇場規模宏大，可容 6000 人。座位群共三層，建在朝北的山坡上，為的是觀眾避開太陽照射。它至今保存得相當完好。

露天劇場座位最高的那一層，英國英語有「神」（Gods）的稱法，雖然距離舞臺較遠，卻有極佳的視角，並且音響效果良好，反映出當年的建築設計水準。

劇場遺址現在是一個文化活動場所，常有各種活動如國際圖書展、馬拉松頒獎儀式、音樂會、音樂節等在此舉行。

◀ 圖 12-1 羅馬露天劇場進大門後看到的廊柱，
十分雄偉氣派。

▶ 圖 12-2 羅馬露天劇場主體規模宏
大，保留完好。

▼ 羅馬噴泉遺址

大劇院往南，有個叫「Roman Nymphaeum Amman」的遺址，那是羅馬時代保存下來的一個巨大公共噴泉所在地。這種風格和類型的噴泉在羅馬帝國時代的大城市裡非常受歡迎。這個噴泉的水池深 3 米，規模很大。

實際上，它名字中的「Nymphaeum」還含有「紀念碑」的意思。它奉獻的對象，是一種叫「Nymph」的希臘和拉丁神話中的小女神。這種小女神通常是美麗年輕的青春少女，喜歡唱歌跳舞，友善自由，遠離政治，與其他女神大不相同，所以深受人們喜愛。

這個噴泉據信建於西元二世紀，與大劇院基本是同時期。現在已經面目全非，看不出當年的全貌了。

▼ 聲樂門遺址

大劇院往北，有一個叫「Odeon」的遺址。那裡有一些古希臘和羅馬時期的建築，專門用作練習唱歌和音樂表演，甚至詩歌比賽等。

▼ 大侯賽尼清真寺

安曼最出名的清真寺有兩個：老城東南的大侯賽尼清真寺，和靠近新區的阿卜杜拉國王清真寺。

大侯賽尼清真寺由已故國王阿卜杜拉一世於 1932 年而建。所選的地點是一個西元 640 年古老清真寺的遺址。大侯賽尼清真寺採用了奧斯曼風格，很有氣勢。20 世紀 80 年代進行過翻新，已然非常現代化了。

大侯賽尼清真寺的尖塔非常亮眼，在安曼城裡很遠的地方都能見到，所以常被步行的遊客當作定位的地標。
大侯賽尼清真寺允許非穆斯林進入。

▲ 圖 12-3 大侯賽尼清真寺全景。

▶ 圖 12-2 羅馬露天劇場主
    體規模宏大,保留完好。

▼ 阿卜杜拉國王清真寺

　　阿卜杜拉國王清真寺，是為紀念國王阿卜杜拉一世而於 1982-1989 年所建。它結構和佈局新穎獨特，外觀和色彩融合了傳統與現代，尤其是藍色馬賽克圓頂，極為壯麗醒目，所以它又稱藍色清真寺。整個大院約 18000 平米，可容納 3000 穆斯林同時禱告。院中還有小型的伊斯蘭博物館，這種安排與傳統清真寺非常不同。

　　這個清真寺的另一個特點是開放與包容。非穆斯林的遊客也歡迎進入，包括內殿大廳。我進入了大院，看到了開放的內殿有信徒在禱告，確實沒有人攔阻。但為避免唐突，我小心詢問了身旁信徒示意想進入大殿，對方搖了搖頭。

▲ 圖 12-5 阿卜杜拉國王清真寺正面景觀，現代亮麗。

▼ 西克露天集市

　　安曼著名的露天集市西克，在大侯賽尼清真寺西面僅一二個街區之隔。這種露天集市在西亞和北非城市中非常流行，被稱為「西克」（Souq 或 Souk）。在波斯語中叫「巴紮」（Bazaar）。

　　安曼的這個大集市雖然在規模上比不上土耳其伊斯坦布爾（Istanbul）、敘利亞阿勒頗（Aleppo）、摩洛哥馬拉喀什（Marrakech）等的露天「巴紮」，卻也是「原汁原味」，極具阿拉伯本土特色。

　　這種露天集市實際上也多搭有遮陽遮雨的頂棚。商品涵蓋很廣，主要有香料水果蔬菜瓜果食品以及日用小商品，甚至還有中國來的便宜貨。小商人吆喝招攬的對象，主要還是本地居民，但外國遊客來此遊覽獵奇淘寶的也不少。

▲ 圖 12-6 安曼著名的露天集市「西克」。

▼ 約旦國會大廈

　　約旦國會大廈在市中心，離長途汽車總站很近。約旦國會由參議院與眾議院組成。參議院的 65 個成員均由國王直接任命。眾議院 130 名中有保留席位制度，基督教徒 9 席，少數民族 3 席，婦女 15 席。兩院任期均為 4 年。

▲ 圖 12-7 約旦國會大廈。

▼ 皇家宮殿

安曼有大小「宮殿」多處，如大宮殿（Grand Palace）、攝政宮（Regency Palace）、皇家宮殿（Royal Palace）等。最醒目的，是位於老城東的皇家宮殿，也叫 Al Qusur。

我按照地圖沿著安曼城堡山前的 Al-Hashemi 大街向東走，沿途問了幾位當地人，他們都指向遠處山上的一座高聳的建築。仔細看並不宏偉，據說它不對外開放。

▲ 圖 12-8 通向皇家宮殿的 Al-Hashemi 大街和遠處的皇家宮殿。

▼ 考古博物館

考古博物館座落在古城堡山腳下，建於 1951 年。它按時間順序陳列了從史前時代至 15 世紀的約旦考古發現，包括古人使用的燧石、玻璃、金屬、陶器，以及珠寶、雕像等藝術品。博物館還有一個硬幣收藏室。

這個博物館以前還有兩件鎮館之寶，一件是死海古卷，還有一件是「艾因加紮勒」（Ain Ghazal）雕像。

艾因加紮勒雕像是在安曼西南一個新石期時代考古遺址中發現的一系列雕像。

死海古卷和艾因加紮勒雕像現在都轉到了 2014 年新建的約旦博物館中。

▼ 安曼古城堡

安曼古城堡是遺跡中的精品，我把它留在了最後。阿拉伯語也稱它為「Jabal Al Qalaa」，它建在一座山上。

那天我找到山腳下時，迎面來了個十來歲的男孩，對我比劃著手勢。我指著地圖上的古城堡，再指指我自己，他似乎非常瞭解我要幹什麼，用手指指路旁的上坡小道，再指指山頂。他是在告訴我有一條近道。

我決定試試。我往上左攀右轉，終於上了古城堡。那個男孩早已等在那兒了，伸手問我要錢。我掏出幾個硬幣，兜裡再沒了。他似乎嫌少，不高興地走了。

古城堡被認為是老城的中心，是古老中最古老的。它之所以重要，是因為多種偉大文明曾於此落地、生根、成長。現在遺址中保留得最完善最豐富的，是羅馬、拜占庭和倭馬亞時期的遺跡。

▼ 圖 12-9 城堡山上到處是古蹟遺址。

　　城堡所在的小山就叫「城堡山」（Cit ADel Hill），山上的遺跡主要分三部分：赫拉克勒斯神殿（Temple of Hercules），也稱大力士神殿；拜占庭教堂（Byzantine Church）；倭馬亞宮（Umayy AD Palace）。

　　赫拉克勒斯神殿建於西元二世紀；拜占庭教堂建於五 - 六世紀；倭馬亞宮建於八世紀。它們分屬於羅馬、拜占庭、伊斯蘭時期。倭馬亞宮占地最大，形成了一個綜合性的院落，很長時間一直用作安曼省長的辦公區和官邸。749 年大地震曾造成極大損壞，但依舊沒有停止使用。

◀ 圖 12-10 城堡山上的赫拉克勒斯神殿（大力士神殿）遺址。

▲圖 12-11 城堡山上
的拜占庭教堂遺址，
殘缺孤立的廊柱。

▶ 圖 12-12 城堡
山上的拜占庭教
堂遺址，保存完
好的門框。

　　在山頂四下觀望，身邊是千古瘡痍殘垣斷牆，山下是車水馬龍華燈初
上。峰巒起伏綿延委婉，樓宇相連密佈山崗。一輪圓月當空，一片寂靜安
祥。魅力山城的這一刻，古老與現時交合，歷史與當代融撞。想起外族在
這裡來了又去，王朝在這裡建了又亡。感慨殿堂樓閣起了會倒，唯有大地
生生不息萬年永長。

　　真是呵，歲月流逝，歷史滄桑；星轉斗移，世道炎涼。
　　古人不見今日月，今月曾經照古人！

▲ 圖 12-13 城堡山上的倭馬亞宮殿遺址。

圖 12-14 月光下的安曼山城。

◀圖 12-15 約旦中
央銀行。

▶ 圖 12-16 在開罰單的交
通警察，看到我照相機時的
滑稽反應。

▼ 難忘的告別

　　結束安曼之行的前一天下午和晚上，我在老城鬧市區徘徊。有人說
過，約旦的宗教信徒虔誠，社會治安良好。甚至可以誇張地說，你放一個
旅行箱在大街上，轉一圈回來它還會在那裡。我聽著自然很佩服。

　　我在夜色中溜達。看到一個小舖，上前買了一個瓶裝水。那小夥子找
回零錢時，我瞄了一眼，問：不對吧？應該給我 10 分，即一個皮阿斯特
（Piastres）的，他給了我 5 分。這兩種硬幣樣子大小相近。他搖頭不語。我
將硬幣放在手心遞給他看，他毫無表情地給我換了。

　　我旅館裡有電視，電視臺經常播出英明領袖的光輝形象：年輕的候賽因國王已經蓄鬍，顯得「更加」成熟。畫面中，他時而親駕戰機翱翔藍天；時而挺立戰艦揮手向前；時而持槍瞄準百發百中；時而民族盛裝躍馬揮刀⋯⋯真是無處不在，和人民在一起，永遠從勝利走向勝利。約旦老百姓似乎也很愛戴他們的領袖，從老候賽因國王侯賽因・本・塔拉勒（Hussein Ben Talal）到小候賽因國王阿卜杜拉二世・本・侯賽因（Abdullah II Ben Hussein）。與他們閒聊時提起國王，聽到的都是由衷的讚歎。

　　我也讚賞他的勇氣：敢於和美國友好，敢於與以色列共存。

　　隔天後的早晨，我到大街找計程車。我想去的是開往耶路撒冷的汽車總站。

　　大街上久等不到車。路人告訴我，上班高峰期的計程車，要到後街集中排隊。我按照指點拐到鄰街馬路，果然有幾十上百人的長隊在等車。計程車一輛接一輛，都是拼車塞滿人就走，隊伍移動得很快。

　　我前面是位年輕女孩，會英語。我向她證實了目的地，她問我哪裡來，對安曼和約旦印象如何。我問她車票價格，順手掏出硬幣一數，還差一點，我想只好就用大紙票找零了。女孩看到了，告訴我這個時候司機不會找零，說著她掏出一個硬幣放在我手心裡，說：這下就夠了。車來之後，還剩一個位子時，她閃開了，讓給了我先上。

　　那是一位美麗的女孩，美麗的約旦女孩。

◀ 圖 12-17 約旦的 10 分與 5 分硬幣大小比較接近，不易區分。

Ramallah

chapter *13*

巴勒斯坦總部
拉馬拉

　　拉馬拉在耶路撒冷以北 10 公里。它不是旅遊熱點，卻十分重要，因為巴勒斯坦權力機構總部就在那裡，是巴勒斯坦事實上的首都。

　　儘管附近發現過古老的岩石墓碑，拉馬拉的歷史並不久遠。它約始於 11 世紀十字軍年代，當時稱為拉馬利（Ramalie）。16 世紀初，它隨巴勒斯坦地區併入奧斯曼帝國。16 世紀中，一個叫哈達丁（H ADd ADins）的約旦裔部落因逃離戰亂從約旦河東移民來此，是他們建立了現代意義上的拉馬拉。

　　這個部落早在三世紀初就曾從南阿拉伯半島移居至東地中海一帶，是一個基督徒氏族的後代。所以拉馬拉最早是個基督教城鎮。

　　拉馬拉的名字「Ramallah」有兩部分：Ram（高）和 Allah（安拉）。所以「拉馬拉」有「真主之山」的意思。

　　拉馬拉的發展起起伏伏，經歷了基督教時期、英國年代、約旦統治、以色列接管，直到巴勒斯坦自治。

　　基督教時期拉馬拉發展迅速，外國教會在這裡打開了西方繁榮的窗口，人們開始向海外尋找機會。20 世紀初拉馬拉已經是一個現代化城市。

　　英國統治的後期，拉馬拉是反英的政治活動中心。以色列建國及隨後的第一次中東戰爭，使約旦佔領了包括拉馬拉在內的約旦河西岸。

　　在 1967 年「六日戰爭」之前，約旦統治時期的拉馬拉相對和平和自由，但在經濟發展方面跟不上。由於阿拉伯人大量進入，穆斯林多數開始形成。

　　以色列在六日戰爭奪取拉馬拉後，總共統治了 40 年。它取消了拉馬拉居民的公民權利引起反彈，其結果是爆發了 1987 年的第一次巴勒斯坦人民起義。那次抗爭的主要手段，是相對溫和的總罷工。

　　1993 年以色列與巴勒斯坦開始和平進程，迎來 1995 年的「奧斯陸

協定」，以色列軍隊放棄拉馬拉。1993-2000 年期間拉馬拉相對和平繁榮，但是沒有完全恢復第一次起義前拉馬拉居民所享受的權利，而且經濟開始下降。

2000 年 7 月大衛營首腦會議失敗。2000 年 9 月第二次起義爆發，巴勒斯坦人暴力升級，開始施行實彈攻防和恐怖襲擊。2002 年以色列重新佔領拉馬拉，建立隔離高牆，大大孤立了拉馬拉。

與此同時，阿拉法特在拉馬拉建立了他的西岸總部穆卡塔（Mukataa），人們俗稱「阿拉法特大院」，拉馬拉成為巴勒斯坦權力機構事實上的首都。2003 年以色列第三大城海法（Haifa）針對猶太人的自殺爆炸事件後，以色列當局將阿拉法特限制在總部穆卡塔大院。

我去拉馬拉的 2007 年，阿拉法特已經辭世，但是拉馬拉和穆卡塔依然是巴勒斯坦臨時政府的所在地。近年來，拉馬拉宗教氣氛寬鬆，經濟開始發展，人口的教育水準比較高，成為巴勒斯坦控制區政治經濟文化最成功最繁榮的城市。

在我走訪拉馬拉之時，它已經掀起了 21 世紀開始的建築熱潮。大批公寓樓興起，五星級酒店誕生，上百家巴勒斯坦企業從東耶路撒冷遷移至此，經濟政治文化活動十分繁榮興旺，西方世界也越發對拉馬拉「另眼相看」。

但也有一種說法是，以色列鼓動和支持拉馬拉繁榮發展的真實目的，是用拉馬拉「取代」耶路撒冷，使之成為巴勒斯坦的最終首都。這無疑在人們欣喜樂觀的心頭，再次投下政治與宗教衝突的一絲陰影。

我在安曼逗留 1 天 1 夜之後，鎖定的下一個目標就是拉馬拉。我想一探巴勒斯坦這個「首都」的市井「氛圍」，一窺穆卡塔這個阿拉法特神秘總部的「廬山真面目」。

▼ 從安曼回到耶路撒冷

從安曼去拉馬拉，先要跨越以約邊界回到耶路撒冷，再從耶路撒冷坐車去拉馬拉。中部的艾倫比邊境站離安曼最近，也是巴勒斯坦人的唯一出入口。

那天一早我趕到汽車總站，一大片場地裡停了許多車，但沒有標牌說明。拖著行李的乘車旅客和手拿調度表的工作人員在來回走動，約旦的經營管理依然原始落後。我看到一位外籍人士，加拿大籍來此探親的老太太，她會阿拉伯語也去耶路撒冷，我便跟著她上了車。

老太太一個人，卻拖著兩個約一米長半米寬的大箱子。嘴裡嘮叨著：Money, money, money!! 說是這裡人都愛要錢。大概是我伸手幫她時，怕我也要錢吧，哈哈。後來在過邊境時要去辦公室繳費，必須下車自帶行李。很難想像她一個人會怎麼辦？

安曼離耶路撒冷的直線距離並不遠，一路還算順利，但過境時的邊防檢查占了不少時間。

在汽車駛近以約邊境時，我看到了約旦河，還有河上的艾倫比橋（Allenby Bridge），也叫國王侯賽因橋（King Hussein Bridge）。約旦河是基督教信徒心中的聖河，我的一位中學同學來自三代基督徒家庭，聽說我去到了約旦河，激動地問：有沒有帶回一點約旦河水？

進入以色列境內的約旦河西岸地區，沿途出現了一排排的隔離牆。第一次見到傳說中的高牆，還是有些激動。但真正感受到它的嚴峻與震撼，還是後來親身走到它跟前的霎那間。

▲ 圖 13-1 跨過約旦河上的國王侯賽因橋。

▼ 從耶路撒冷去拉馬拉

從耶路撒冷去拉馬拉的公車由巴勒斯坦人運營，總站在老城的大馬士革門外。車號多但路線大同小異，如 18、19、218、219 等都去拉馬拉，因為周邊的其他小鎮，都是從拉馬拉「輻射」出去的。

我先在大馬士革門內重新找了一家旅館。旅館主人的前臺小辦公室有個大書架，放滿了書。一問，店主說是他哥哥的，是大學教授。在閒聊中，他拿出一種旱煙管，填上煙葉抽了起來，大吸幾口，陶醉的樣子。他問我：也來一口？我搖頭謝絕了。

傍晚時分我走向大馬士革門，想吃點買點，為明天去拉馬拉作準備。小商販已經開始收攤，我在一個甜食攤前停下，一種松條糕吸引著我，只剩幾塊了，我問：多少錢？老人抬起頭，用紙抓了一塊包起來就遞給了我。我掏錢，他擺擺手，就當禮物給我了。

第二天一早，我坐上了去拉馬拉的 18 路公車，車票 5.2 NIS，車裡乘客約五成滿。

▶ 圖 13-2 我在大馬士革門內附近重新找的巴勒斯坦人小旅店。

◀ 圖 13-3 我的小房間。

◀圖 13-4 裹著各種沙拉的「皮塔」（Pita）餅，是傳統的中東食品。這種裹式「餡餅」也稱「Falafel」，中文就是「沙拉三明治」，是一種有名的街頭小吃。

▲ 圖 13-5 出了大馬士革門走上臺階，穿過馬路到對面城堡式建築處向右走約 100 米，再拐進小巷，就是阿拉伯公車總站。

▼ 經過隔離牆

汽車出城北行。不久便在豎有標牌和柵欄的一個空曠地拐車停了下來，窗外赫然是一片高牆，哈，真是「隔離牆」！這是一個叫卡蘭迪亞（Qalandiya）的檢查站，卡蘭迪亞是巴勒斯坦難民營所在的一個村莊，很有名。

車上乘客沒有被要求下車，因為只有進入猶太區才需要通行證，而我們是在離開猶太區。停車可能只是例行的登記報備。

沿途再沒有停過車，也沒有任何檢查。一路上車廂裡無人說話。

▼ 圖 13-6 離開猶太區進入巴勒斯坦居民區時，在隔離牆下無須下車一一接受檢查，而回來時進入猶太區則不同。

◀圖 13-7 市中心馬拉納廣場，金屬風帆簇擁著紀念碑。

▶圖 13-8 馬拉納廣場附近的商業街道街景。

▼ 抵達拉馬拉

　　拉馬拉市區不大，汽車總站在東，老城在西。出站後沿著馬路隨著人流西行，不到一里路便是市中心的馬拉納廣場（Al-Manara Square）。市區以馬拉納廣場中心向四周「輻射」開去。

　　馬拉納廣場是個六分叉的車道轉盤區，中央有個欄杆圍起的花壇和雕塑群。五個石獅身披巴勒斯坦旗分列花壇四周，身後有聳立的金屬風帆簇擁著直立的紀念碑。它們代表和紀念最早在 16 世紀從約旦東部來到拉馬拉的第一批定居者，他們正好是五個家庭。

　　廣場上有幾個制服軍警，和三三兩兩的當地小青年在一起「無所事事」的樣子，讓我感覺更像是民間的「糾察隊」。

　　廣場周圍的街道比較熱鬧，但談不上繁華。新起的樓房不少，但都不是很高。街上店鋪多，行人也多，餐廳酒吧、珠寶雜貨什麼都有。尤其醒目的是路邊和路上的小汽車，比巴勒斯坦人最神聖的東耶路撒冷要多很多。

▼ 尋找穆卡塔

　　穆卡塔是巴勒斯坦的約旦河西岸總部（它還有一個總部在加沙）。當時我並不知道它的確切名稱和位置，找到它是一個挑戰。

◀ 圖 13-9 巴勒斯坦銀行大樓。

◀ 圖 13-10 巴勒斯坦總部的大院圍牆就在左邊，路邊停著軍車。

　　我用英語連帶比劃，問了幾位路人。一位女士明白了我的意思，她說，那個地方叫「Mucato」在城外。我後來才知道正確的名字是 Mukataa，在新區東北約一公里處。

　　我邊走邊問，走出了鬧市，走過了一片空曠地。終於遠遠地看到了一片圍牆，路旁也出現了軍用車輛。我知道自己正在走近那個神秘的總部大院。

　　那個院落很大，占了好幾個街區。圍牆有 2 米多高，上面有鐵絲網。每側都停著白色大型封頂吉普車，車子的前後及頂部均裝有加固鋼管。車裡或車外有制服軍人，兩人一組。他們不像是在站崗，也不像是在幹什麼。

　　我沿著圍牆走。迎面有一輛軍車擋在了行人道，兩位軍人看見了我，但沒有阻攔或盤問的意思。我主動走過去搭訕。

　　我用英文朝他倆「嗨」了一聲，他們似乎能聽懂，也支吾了一聲，好奇地看著我。我指著大院問：這是阿拉法特大院、巴勒斯坦總部嗎？他們聽懂了「阿拉法特」和「巴勒斯坦」，一邊點點頭，一邊問我什麼人？我說：我是 Chinese，我來旅遊，想看看大院。他們沒有敵意，轉身指著不遠處，說「那兒」，意思是正門在前方。

　　感覺到他們的友好，我拿出照相機示意要為他倆拍照。兩位互相看了一眼，說：Digital! Digital!

　　兩位巴勒斯坦軍人身材高大，帥氣英武，尤其是其中一位，眼神透著憨厚純樸。可惜他們站相立姿鬆懈。一式的暗綠色制服，高幫皮鞋，綠色貝蕾軍帽配著雄鷹軍徽。一手拿卡賓槍，一手拿煙捲，胸前還佩有對講步話機。已是晚秋時節，一位穿上了蓬鬆的厚外褲。

　　我為哥倆拍了照，又和一位合影留念。然後將照片放給他們看，他們滿臉高興。我和他們告別，繼續朝大門走去。

◀ 13-11 巴勒斯坦總部大院外面的持槍軍人。

▶ 圖 13-12 我與其中一位巴勒斯坦軍人合影。

▼ 走進巴勒斯坦權力機構總部

我終於來到了巴勒斯坦總部，世人矚目的阿拉法特大院！門口有軍人值崗，但沒有挺胸直立，而是閒散鬆垮的樣子。我微笑著打招呼，他們驚訝地打量我。我示意想進去，他們搖搖頭不讓。我便停下，開始和他們小聊。拿出相機後，他們也露出好奇，我就再次為他們拍照留影。其中兩位在吉普車裡，純樸無辜的容貌尤其讓我感慨。

▲ 圖 13-13 巴勒斯坦總部大門很簡陋。

我在門口與他們閒聊打趣約十多分鐘。期間有一、兩輛轎車駛入大院。進門時車裡有人搖下車窗朝我掃視，不知是官員還是來賓，至少有點 VIP 的「氣派」。門衛並不趕我，待大門再次平靜之後，我提出想進院裡看看，拍拍照。沒想到他們居然同意了。

▲ 圖 13-14 再次為巴勒斯坦軍人留影，純樸的相貌讓我感慨。

終於進入了這個充滿歷史、充滿故事的神秘之地！

我跨入了大院。院子很大很空，前方有好幾個持槍武裝軍人在走動，他們背後就是大院的主要樓房建築。

▼ 圖 13-15 我終於進入了巴勒斯坦總部、阿拉法特大院！

▲ 圖 13-16 我讓巴勒斯坦軍人替我拍照留念。

這個綜合性的巨大建築群，最早是英國統治期間作為堡壘而建，兼作政府中心與行政人員的住所。大院裡面甚至還有監獄。

2002 年 3 月 27 日，一名巴勒斯坦自殺炸彈手在以色列度假城市內坦亞（Netanya）的酒店，殺死了正在舉行逾越節前儀式的 30 名度假者，主要是老年人。以色列報復而發起「防禦盾行動」（Operation Defensive Shield），國防軍包圍並襲擊了拉馬拉的這個大院，摧毀了院內貴賓館、監獄、守衛宿舍、大型會議廳，甚至還有廚房和汽車修理廠。西方電視臺實時轉播了圍困大院的現場情景，當年的場景依然歷歷在目，與我眼前所見一模一樣。我不由請巴勒斯坦警衛為我拍照留念。

友好的警衛還帶我簡要地轉了一轉。他指著大門正面的阿拉法特大幅畫像，比劃著告訴我，畫像中央所畫的巨大方形建築就是阿拉法特的（臨時）陵墓（Yasser Arafat Mausoleum），實際的建築就在畫像背後。畫像前的石雕古蘭經以及兩旁的儀仗立柱，表明它也是為來訪元首和重要外賓舉行隆重儀式的地方。

阿拉法特曾希望埋葬在耶路撒冷聖殿山上的阿克薩清真寺附近，或在耶路撒冷的任何地方，但被以色列當局拒絕。最後臨時埋葬在大院的一個石制（而非木制）棺材內。不久巴勒斯坦首席伊斯蘭法官發現埋葬違背了伊斯蘭法，於是在去世三週年後重新埋葬。新任巴勒斯坦權力機構主席阿巴斯為新墓揭陵。那恰好是我離開以色列的六天之後。

正大門右邊側門上豎立著新任主席阿巴斯的畫像。儘管比阿拉法特的要小得多，但一個新的時代已然開始。

▼　圖 13-17 巴勒斯坦權力機構為來訪元首和重要外賓舉行隆重儀式的地方，大畫像背後是阿拉法特（臨時）陵墓。

▼ 走訪巴勒斯坦政府官員

　　大院內部的機要部門不讓外人進入，我就去大院側面和後面的政府機構試試運氣。

▲ 圖 13-18 巴勒斯坦臨時政府的辦公大樓之一。

　　很多樓房不掛牌子而且大門緊閉，但有一座三層高新樓的門是開著的。我走上前，門裡掛牌寫著「巴勒斯坦教育與旅遊部」。我便進門朝樓上走去。

▲ 圖 13-19 巴勒斯坦臨時政府辦公大樓內部懸掛的領導人畫像。

▲ 圖 13-20 巴勒斯坦臨時政府教育與旅遊部的官員和辦公室。

　　二樓馬上有了生氣。過道裡掛著阿拉法特與阿巴斯的畫像和巴勒斯坦旗，幾個房間開著門。我走進一個辦公室，裡面女的在打電話，男的在整理東西，辦公桌只有一個。

　　她們看見我，顯露出了意外。我朝她們微微一笑，站立在一旁。男的上前來迎我，我說了幾句英文，他沒有反應。

　　女的很快打完電話也走過來。我說我想來詢問一下這一帶的旅遊資料，有沒有地圖或者組團一日遊之類的活動。她能聽懂，但沒有說話，轉身走到一個落地矮櫃前，從檔格裡抽出一大摞資料，有地圖有照片，給了我好多份，又請我坐在她辦公桌對面的椅子上，慢慢翻看資料。

　　資料圖片有很多重複，我退還了一些。照片大多是伯利恒耶穌出生地的大教堂，地圖是整個巴勒斯坦地區的，將以色列控制下的城市也都列於「麾下」，而且多為文字，很少圖片，顯然製作比較初級。旅遊節目和廣告也幾乎為零。

▲ 圖 13-21 我與政府官員們合影。

　　可惜語言不通，很難深入聊點什麼，我謝謝她們。她們滿臉友好熱情，直立在我面前。我說：我們拍個照留個紀念吧？這句話能懂，去隔壁找了個人，幫我們三人合影留念。她們送我出辦公室，我又請男的幫我在兩位領袖像前留影。

　　自始至終，我沒有細說自己是什麼人，她們也沒有問。她們有可能以為面前是一位來自日本共同社的記者了，我想。

　　巴勒斯坦百廢待興，政府機構原始初級，巴勒斯坦領導任重道遠呵。我離開大樓，又在附近轉了轉，四周幾乎沒人。我按照記憶中方向，換了一條線路往拉馬拉市中心走去。

　　走進鬧區前的一條近郊路上，一位本地人不經意間扭頭看到了我，點了點頭。我趕上幾步打招呼，他居然會英語，我們邊行邊聊了起來。中等個子，偏瘦身材，黑黑的皮膚，憨厚的外貌。他問我哪裡來，我說是中國人，從耶路撒冷來。他聽後歎了口氣，說：我有七年沒去耶路撒冷了，想起來就心痛，不忍心去了。

　　拉馬拉去耶路撒冷只有區區 10 公里，耶路撒冷又是巴勒斯坦人心中的聖地。我沒有問他「心痛」什麼。難道還用問嗎？

▼ 回到以色列居民區

近午時分我回到拉馬拉汽車總站。去耶路撒冷的車子幾乎滿座，還有一對中國面孔的年輕夫婦。車開動前，上來一位全副武裝的女警，逐個查驗證件。這與來時不同，因為必須有居住證的巴勒斯坦人才能進入耶路撒冷。

輪到我時，女警不但查看了我的美國護照首頁，還認真翻找了入境以色列的簽證。

汽車駛近耶路撒冷時，隔離高牆再次出現。車子在一個巨大空曠的停車場旁邊經過，但沒有停下。

▼ 圖 13-22 拉馬拉在大興土木，呈現出活力與生氣。

▲ 圖 13-23 約旦河西岸無處不在的隔離高牆再次出現。

隔離高牆是強硬派的以色列總理沙龍在 2002 年開始修建的。當時的形勢是，奧斯陸和平協定隨著拉賓被謀殺而死去，2000 年開始的巴勒斯坦人的第二次起義（Intif ADa）導致 1000 多以色列人和 4700 多巴勒斯坦人死亡，其中絕大多數是平民。以色列民眾的態度也趨於強硬，支持建立隔離牆。高牆的建立，使得前往耶路撒冷變得十分困難，甚至不可能。

隔離高牆雖然來時已經見過，但是當汽車貼身而過時，還是再次感受到了震撼：這裡的千年分隔分裂，依舊實實在在地真切深刻，難以逾越！

Bethlehem

chapter *14*

聖誕之地
伯利恆

伯利恒在耶路撒冷以南不到 10 公里,是耶路撒冷的姐妹城。

伯利恒聲名遠揚,是因為它是耶穌的降生地。在那個出生地點建起的聖誕教堂,地位在巴勒斯坦地區之崇高,僅次於耶路撒冷的聖墓教堂。所以伯利恒是基督教的聖地。

伯利恒還有個「拉結」(Rachel)墓,拉結是猶太先祖雅各最寵愛的第二位妻子。據聖經記載,拉結是位美麗善良的女子,雅各對她一見鍾情,原本應該是雅各的第一任妻子,但她父親策劃了用姐姐「調包」的陰謀。拉結在新婚夜知道了本可以挫敗陰謀的「密碼」暗語,但為了姐姐不在眾人面前蒙羞,她決定犧牲自己成全姐姐。七年之後雅各才最終有機會娶到了拉結。現代撲克牌中的方塊 Q,據說畫的就是拉結的形象。

對阿拉伯人來說,雅各的爺爺亞伯拉罕也是他們的始祖,再加上猶太人、基督徒、穆斯林各自的經典存在著千絲萬縷的交集,所以拉結墓對於三大宗教實際上都很神聖。

此外,歷史上猶太偉大君主大衛王就是伯利恒人,所以伯利恒也是猶太人聖地。

伯利恒的歷史古老悠久。西元前三千年就有吉普賽人、赫提人定居,最初名叫「貝特拉馬」(Bertrama)。西元前 1350 年迦南人居住時期,才改用現名「伯利恒」,並在文字記錄中出現。古敘利亞和埃及的往返商隊,也曾在此地中轉休憩。

▼ 聖誕教堂的建立

西元 326-328 年期間，羅馬君士坦丁大帝的母親皇后海倫娜來巴勒斯坦和敘利亞地區朝聖巡視，當時伯利恒已在二世紀被羅馬王哈德良摧毀。具有諷刺意義的是，此王號稱是羅馬五個「好皇帝」中排名第三的「人文主義者」，有過不少蓋廟建殿的業績。

皇后海倫娜巡視時，《新約聖經》已經確認伯利恒是耶穌的誕生地，而朝聖期間她參觀了伯利恒的廢墟，採信了二世紀基督教早期「標誌理論」（「聖父，聖子，聖靈」三位一體）代言人和殉道者聖賈斯汀（Saint Justin）所考證的那個洞穴，即「馬赫德」（Mahdah）山洞，「欽點」和「確認」為耶穌的具體降生地點，最後推動和委託在該處建起了這個偉大的聖誕教堂。

聖誕教堂在 339 年完成，但在第五、六世紀巴勒斯坦地區一系列十分暴力的反拜占庭起義期間被火燒毀。西元 565 年拜占庭皇帝新建大教堂，但保留了原始風格。從那以後，大教堂一直在不斷擴大擴建。

▼ 古老的傳說

伯利恒的漫長歷史中，有過多種精彩的傳說，其中尤以聖經故事中耶穌的誕生最為膾炙人口。話說有先知在數百年前就預言救世主將在伯利恒降生，幾百年後，童貞女瑪利亞因聖靈感孕，是個男嬰。未婚夫約瑟知道後，原想「休掉」瑪利亞，卻得到天使的啟示知道了神的計畫，因而作罷。後來羅馬王下令全國普查人口，約瑟帶著臨產的瑪利亞到伯利恒申報戶口，但因客店全滿而不得不在馬廄將就過夜，該夜降生了男嬰，馬廄成了耶穌基督的搖籃。

▼ 基督教與伊斯蘭教關係微妙

伯利恒及其象徵聖誕教堂，歷經千年戰火洗劫，創痕累累，卻依然頑強存活並逐步擴大，這與和伊斯蘭教的微妙關係不無關聯。

波斯人時期曾摧毀了伯利恒地區的大部分教堂，唯獨沒有對聖誕教堂下手。據說一個重要的原因是，從東方前來向耶穌祝賀降生的「博士」們身穿的是居然是波斯服裝，取悅了波斯人。也有一說，是教堂裡描繪的穿著波斯衣物的幾位人物（法官）感動了波斯人。

西元七世紀伊斯蘭征服該地後，統治者幾經易手，基督教的命運亦大起大落，基督教人口逐步下降，穆斯林人口開始上升。

不過即使在伊斯蘭教時期，統治者對基督教和基督徒的態度與做法也不盡相同。637 年佔領該地區的伊斯蘭第二個哈里發奧馬爾便承諾並保留了聖誕教堂供基督徒使用。他本人曾在教堂附近祈禱，所以在教堂旁邊他祈禱的地方，也另外蓋起了一個清真寺，就是伯利恒現在唯一的一個奧馬爾清真寺（Omar Mosque）。教堂與清真寺和平共處。

與之相反，1009 年的第六個哈里發，曾下令拆毀聖誕教堂，但是當地的穆斯林並沒有執行該命令。這反映了當地穆斯林對基督教的容忍傳統。

現代的伯利恒，穆斯林已占絕大多數，基督徒人口只有其一半以下，而且還在下降。21 世紀初期的民意測驗發現，該地絕大多數（90%）的基督徒都有穆斯林朋友，而且大多數人（70%）認為巴勒斯坦權力機構對該市的基督教遺產是尊重的，並將基督徒大批逃離的原因歸咎於以色列對該地區的旅行限制。

目前伯利恒的市政委員會有 15 名成員由選舉產生。有一項選舉的特別條款規定，市長和市政委員會的多數必須是基督徒。這反映了當局希望留住基督徒的努力。一個重要事實是，伯利恒已經越來越依賴於以基督教

聖誕教堂為中心的國際旅遊業了。

　　1999 年聖誕開始，羅馬天主教、希臘東正教等先後來伯利恒舉行盛大的聖誕慶祝活動，許多基督教東方教派的國家領導人也在這裡雲集，伯利恒出現了前所未有的喜慶與祥和。伯利恒是難得一見的基督教與伊斯蘭教和平共存融合相處的聖人聖地。

▼ 從耶路撒冷去伯利恒

　　我從耶路撒冷坐車去伯利恒，車站起點也在大馬士革門北面的「阿拉伯公車」總站，但乘的是當年的 124 路車（現在可能已經改稱 24 路了）。21 路車也去伯利恒，兩趟車的差別與優缺點在於：

　　124 路車很快，但它不進入伯利恒城內；21 路車能進入城內，但需繞行慢很多。此外，21 路車雖然能進城，離目的地聖誕教堂還是有段距離，依然需要外加叫計程車；124 路車在檢查點前停車不再前行，乘客須自己步行通過隔離牆，但不會檢查身份，然後也需要打計程車去目的地。

▲ 圖 14-1 沿途的猶太人定居點，以巴爭執的關鍵問題之一。

▲ 圖 14-2 進入伯利恒前的隔離檢查站。　　　▲ 圖 14-3 檢查站的鐵絲網和高牆，以及隔離鐵欄杆。

　　地中海地帶的氣候十分晴朗，藍天白雲之下令人舒暢，但是不到半個小時汽車在一個人行道邊停下，所有人都下了車，我抬頭赫然見到對面的隔離高牆，才知道檢查站到了，汽車不再前行。

　　途中的檢查站與去拉馬拉時相似，經過的隔離牆中間有一個「炮樓」般的建築，高牆下還有 3 米高的鐵絲網。

　　乘客們下車後從「炮樓」進入，轉過一二道門就到了伯利恒這邊。

　　出口處有幾輛計程車，同車的兩個外籍女孩與我拼車而去，每人 10 NIS。

　　沿途人煙稀少，乾淨清靜。十多分鐘就到了城中心市政廣場（Manger Square）。聖誕教堂就在廣場的一側，由於耶穌就是在這裡的馬槽降生的，所以它又叫「馬槽廣場」。

　　我們沒要求出租司機等我們走回程。我向左轉身，聖誕教堂就在眼前了。

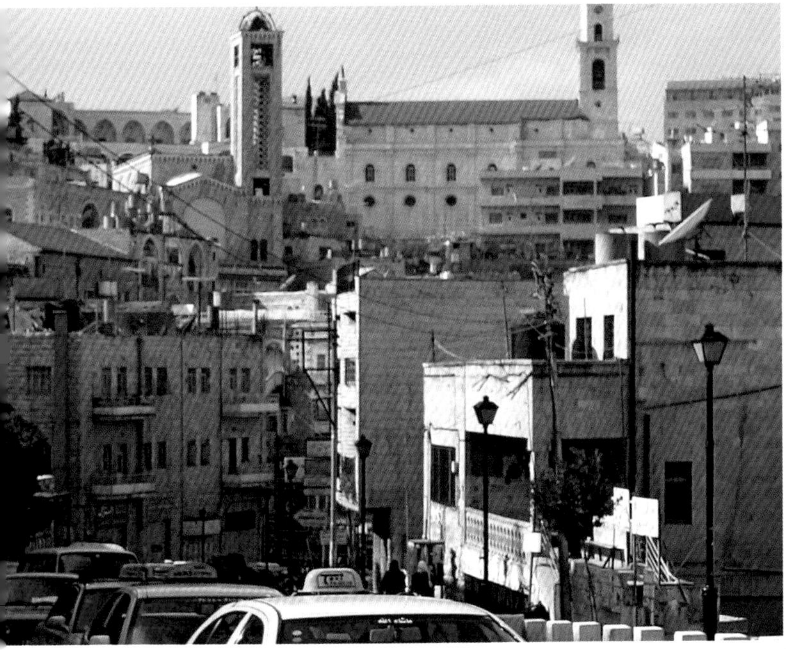

◀ 圖 14-4 汽車到達伯利恒市內。

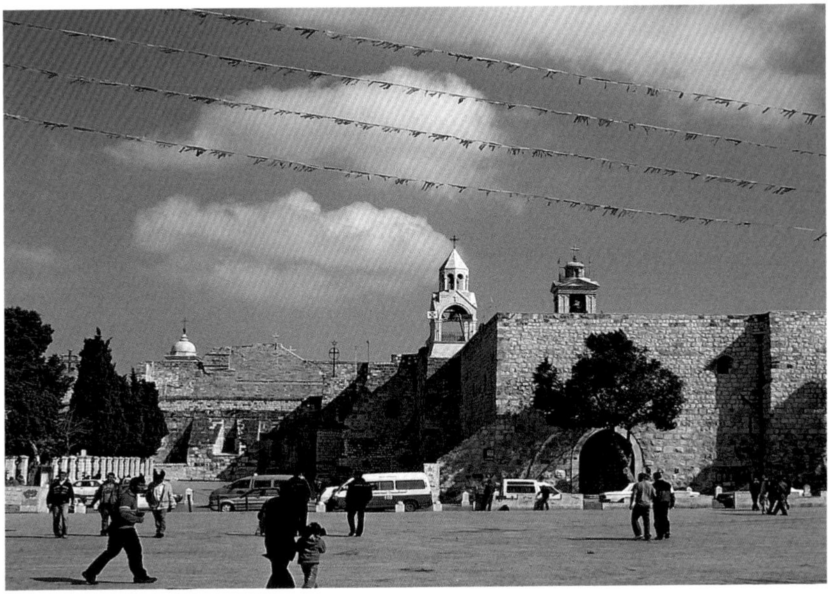

圖 14-5 伯利恒中心的馬槽廣場，背景處就是聖誕教堂。

▲ 圖 14-6 聖誕教堂正面全景。

▼ 聖誕教堂

　　聖誕教堂外觀方正敦實，正面與右側組成的「L」形外牆均由岩石砌成，牆上開挖著五六個小窗洞，儼然一個中世紀的城堡！它是古羅馬式教堂風格的一種，樸素無華，堅實牢固，象徵著那個年代教堂的沉重和牢不可破的權威。牆的正面，有個 1.2 米高的門洞，必須低頭彎腰方得進入，稱為「謙卑之門」（Door of Humility），讓人們俯首謙卑，感受主的偉大。

　　「謙卑之門」並非最初的設計。入口原先是高大的拱門，十字軍到此為防止阿拉伯騎兵長驅直入，才石封了大門。後人為方便教徒出入，又闢出了這個小門。

　　進入教堂內部，卻是意外地高大寬敞。主廳被四排科斯林式圓柱分割成五個通廊，中央通廊的圓柱之間和走道上方懸掛著一串串古色古香的吊燈。上方的採光設計使得主廳明亮大氣。

◀ 圖 14-7 聖誕教堂正面的「謙卑之門」。

　　教堂主祭壇處光線昏暗，透著肅穆與莊嚴。周邊懸掛著頌揚聖母和耶穌的畫像年代久遠但保存完好。這裡是大教堂通常祈禱與舉行儀式的地方。

　　教堂旁側有一座「傑西樹浮雕」（Tree of Jesse）。 傑西是大衛王的父親，「傑西樹」是《舊約聖經》的「以賽亞書」 （Isaiah）中表達「家譜」的一種藝術手法。譜系從傑西在伯利恒開始向上衍生，描述了彌賽亞

▲ 圖 14-8 大教堂內部高大寬敞，主廳有五個通廊。

▲ 圖 14-9 大廳正前方的教堂祭壇，華燈高懸，莊嚴肅穆。

的後裔，基督教徒認為它指的就是耶穌，耶穌就是救世主。

聖誕教堂最具宗教和歷史意義的焦點是地下室的星壇星洞。地下室入口在祭壇右側，是個大理石的小門，門後據傳是十字軍所建的下行「十字軍臺階」，直通聖人誕生之地。

◀ 圖 14-10 銀白色的傑西樹浮雕十分珍貴。

▶ 圖 14-11 通向地下星壇星洞的精緻小門和「十字軍」臺階。

▼ 星壇星洞「伯利恒之星」

　　星洞是一個 3 米寬 13 米長的地下岩洞，窄小昏暗。洞穴頂部已有金屬支架加固，兩邊也有簡易薄牆隔斷，並掛上了聖經故事的油畫。洞穴最前方緊靠臺階處，就是泥馬槽的所在地，也是耶穌出生後的搖籃。後人將泥馬槽改成了銀馬槽，再後來又換成了一個半圓型的大理石祭壇，這就是信徒們千崇萬拜的神聖「星壇」。

▲ 圖 14-12 星洞裡面窄小昏暗，兩邊掛著聖經故事的油畫。

▲ 圖 14-13 星洞前方就是神聖的大理石祭壇「星壇」。

　　「星壇」實際上是個低矮的壁龕。稱它為「星」，是因為它中央有一發光發亮的大銀星。銀星中空，標示著耶穌降生的「確切」位置。銀星共有 14 個「角」，因為在聖經故事中直到耶穌的誕生，都與「14」有著不解之緣，14 象徵著太多的歷史階段與行路旅程。從亞伯拉罕到大衛王走過了 14 代；從大衛王到巴比倫之囚也有 14 代；從巴比倫時代至耶穌基

▲ 圖 14-14 星壇中央的銀星，標示耶穌降生的「確切」位置。

督又是 14 代；而耶穌最後的苦路之行還是 14 站。

這個銀星也被譽為「伯利恒之星」。還由於伯利恒以及「14」這個數字與大衛的關係，故也稱「大衛之星」。銀星用拉丁文鑲刻著「聖母瑪利亞的耶穌誕生在這裡」。銀星所在的這個「星洞」，又因為地形而稱為「石窟」（Grotto），甚至還有按照地名而叫「馬赫德之洞」的。

銀星上方懸掛著 15 盞銀制油燈，分屬的 15 個不同基督教派在不同的時間將之點燃，晝夜不熄映照著這個牽動著 10 多億基督徒之心的神聖之地。

銀星始刻於 1717 年，1847 年被希臘人「盜」走移去，這個盜竊事件經常被學者稱為克里米亞（Crimean）戰爭的催化劑之一，也是法國捲入該戰爭反對俄羅斯的一個直接原因。1853 年銀星複製成功，幾可亂真。

▼ 聖誕教堂地位崇高

十字軍在耶路撒冷建立拉丁王國（Latin Kingdom）期間，它的第一位國王就是在聖誕教堂加冕的。此後它一直被用作十字軍國王的加冕教堂，直到 1131 年。

◀ 圖 14-15 在拜占庭時期添加的新鐘樓。

過去一千多年裡的擴建，尤其是拜占庭皇帝賈斯蒂尼（Justinian）的第二次重建，恢復了它原始的風格。其後建築有許多增加，包括那個突出的新鐘樓。整個聖誕教堂現在是一個大院落，包含了兩個主要教堂及多個小教堂。

這兩個大教堂，除了聖誕教堂，另一個就是聖凱薩琳教堂（Church of St. Catherine）。

凱薩琳是個基督徒和處女，年紀輕輕是個公主又是個學者，14 歲成為基督徒，傳道轉變了數百人成為基督徒。18 歲被當時的異教徒皇帝所害，成為殉道者與聖徒。所以她也稱為「大烈士聖凱薩琳」（The Great Martyr Saint Catherine）。

▶ 圖 14-16 聖凱薩琳教堂是大院裡另一個教堂，地位同樣顯赫。

聖凱薩琳教堂的地位也非常崇高，不但因為它靠近聖誕教堂，而且因為西元 310 年耶穌曾在這裡見到過凱薩琳，當時給出了他的願景並預言凱薩琳將作為烈士而死。

這個教堂原先的風格是現代哥特式，後來迎合梵蒂岡二世之後興起的禮儀潮流又進一步現代化了。它是耶路撒冷的拉丁長老在聖誕夜慶祝午夜彌散時採用的教堂。梵蒂岡二世前期的某些宗教習俗，在這個午夜大規模彌撒中仍然能夠見到。

大院落裡的其他小教堂，有紀念天使出現在耶穌父親約瑟面前吩咐他出逃埃及的，有紀念被希律王殺死的孩子們的，也有紀念聖傑羅姆的。

這個「傑羅姆」於西元 386 年來過伯利恒，在「馬赫德」山洞附近隱居，潛心編注聖經，將《舊約聖經》譯成了新拉丁文本。他的《舊約聖經》譯本，至今仍是天主教最權威的。

2012 年聖誕教堂被列入世界文化遺產名錄。這是聯合國科教文組織新成員巴勒斯坦的首次成功「申遺」。它也是「瀕危世界遺產」中的一個。

除了聖誕教堂之外，伯利恒還有其他一些基督教聖地，如耶穌到埃及避難前住過的乳洞，十字軍庭院、無辜嬰兒墓穴，甚至還有首先懷抱過嬰兒耶穌的牧羊人的那片田野等。

▼ 奧馬爾清真寺

在市政廣場的另一端,有一個高高的宣禮塔,那裡是伯利恒最古老,也是唯一的清真寺,奧馬爾清真寺。這位老奧是個開明的穆斯林,他在征服耶路撒冷之後,曾前往伯利恒並頒佈法令,要求尊重基督教聖地及教徒神父的安全,並在伊斯蘭先知穆罕默德去世後的第四年,來此清真寺的位置祈禱。

後人在該地點蓋起了清真寺,但那是 1000 多年後的 1860 年了,以後再沒有修建過,直到約旦控制該地區的 1955 年。有趣的是,所用土地由希臘正教會捐贈,而且在過去,這裡的穆斯林與基督徒曾一起使用橄欖油將清真寺四周裝飾點亮。顯示了這個城市宗教友好共存的優良傳統。

▼ 圖 14-17 奧馬爾清真寺,高聳的宣禮塔十分醒目。

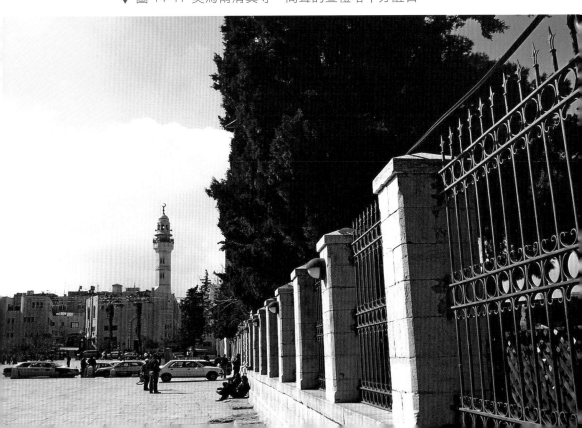

▼ 尋找回程公車

走出大教堂後，我在市政廣場一帶轉悠，詢問有無公車開往返回耶路撒冷的檢查站。走過幾條街後，我終於找到了汽車總站。在問路過程中，一位中年人將我帶到了一輛大巴士前，與司機說了幾句，便朝我點點頭，就是它。

由於英語有限，他沒有告訴我在哪一站下車。車上已有不少乘客，友好地朝我這張外國面孔打招呼。車中間坐著兩排五六個小學生男孩，見了我就笑。我在他們後面坐下，見他們回頭瞅我，就說了聲：Hello！他們更加嘻嘻哈哈起來。

全世界的孩子們都是活潑好奇天真膽大的，汽車開動後他們用有限的英語一句搭一句地與我「貧嘴」起來，我問他們學英語嗎？幾年級了？穿的是校服嗎？孩子們興奮地哈哈大笑。車裡大多是中年男士，好幾個一直微笑地注視著這邊。我也忘記了自己還不清楚這車將開往何處。

幾站路後，對座一位與司機嘀咕了幾句，汽車便停了下來。我轉頭看，那位男士朝我比劃著。我指指自己，又指指車下，他點頭，我便下了車。抬頭看那幾個男孩，都在視窗趴著朝我笑，我揮揮手。那男士用手指了指前方，我明白了。這趟車的車資是固定的 1.5 NIS。

汽車朝著另一個方向開走了。我眼前是一條直路，與來時的感覺一樣。我朝前走，旁邊出現了高牆，對了！很快眼前出現了鐵絲網和高牆，檢查站到了！

回耶路撒冷通過檢查站的程式顯然不同。每個人都必須在一個有軍人值崗的窗口前經過，遞交證件，接受檢查。排在我前面的母子三口，成年的大兒子在電子儀器前多次掃描方才通過。我拿的是美國護照，很快就讓過了。

回到耶路撒冷，我稍事休息，便出門去採購準備明日去特拉維夫。巴

勒斯坦管轄區之行即將結束,在我所到約旦河西岸巴勒斯坦人三個集居地耶路撒冷老城、拉馬拉、伯利恒當中,伯利恒環境良好令人難忘,拉馬拉作為事實上的「首府」,熱鬧卻顯得忙亂。

穆斯林管理好自己的城市和生活,還有一段路要走。

◀ 圖 14-18 進入猶太區,需要走過隔離牆並接受詢問與檢查。

Jaffa

chapter *15*

美麗海港
老雅法

特拉維夫是我的最後一站。其實「特拉維夫」只是個簡稱，行政上它還包括一個小城「雅法」，全名叫「特拉維夫‐雅法」（Tel Aviv-Jaffa）。

雅法是特拉維夫西南一個小古鎮，歷史久長得多，而且特拉維夫就是作為雅法的周邊城鎮而發展起來的。去特拉維夫，不能不去雅法。

▼ 古城歷史悠久

雅法已有四千多年歷史。它海岸線視野寬闊，天然港口條件優越，歷來極具軍事政治和戰略意義。古埃及的信件中提到過，法老的將軍把藏有戰士的巨大「籃子」作為禮物，正是通過雅法港口「贈送」給古迦南的首領，最後才完成了對它的偷襲與征服。

《舊約聖經》中有四次講到與雅法有關的故事，尤其是那個不愛執行指令、喜歡逃跑、「劣跡」斑斑的叛逆「小先知」約拿（Jonah），聖經第 32 本「約拿書」曾提到：他不聽從上帝旨意去執行拯救行動，而是逃往相反的方向。他搭船離開的那個港口，就是古雅法。

希臘神話中，宙斯的兒子珀爾修斯（Perseus），將那個以對丈夫真愛而著稱的安德洛瑪刻（Andromache）救出的地方，也在雅法附近。

有人認為「雅法」是希伯萊語「美麗」一詞的諧音，因為這裡風景絕佳，秀麗如畫；也有人認為「雅法」指「閃著白色光輝之地」，由於它近處白堊紀的斷崖上閃耀的光輝；還有說「諾亞方舟」建造者「諾亞」的兒子雅弗（Japheth），在大洪水消退後建立了此城，故有城名「雅弗」，後來讀音逐漸演變成了「雅法」。

雅法在歷史上與耶路撒冷「同命相連」，所經歷的外族入侵與統治類似，一直到中世紀 636 年被阿拉伯人征服。在其後的一千多年裡，包括十字軍東征年代以及奧斯曼時期，阿拉伯人一直是雅法的主要居民。

▲ 圖 15-1 老雅法海岸線視野寬闊，天然港口條件優越。

在大衛王和所羅門王統治期間，正是通過這裡的港口，從現今黎巴嫩南部的蒂爾（Tyre）運進了建造第一聖殿的雪松木（Cedar）。

到了 20 世紀，雅法人口急劇膨脹，一群猶太人因而決定離開雅法，來到北面的一片沙丘地上，白手起家建起了一個週邊社區，那就是後來的特拉維夫。

▼ 圖 15-2 雅法居民阿拉伯人為主，裹頭黑袍女穆斯林很常見。

▼ 古城著名景點

　　雅法古城的悠久歷史以及對阿拉伯文化的記載，使之在 2002 年 7 月 3 日與中國的「三江並流」等全球 24 處名勝古蹟一起，被聯合國教科文組織列入世界遺產名錄。

　　當地政府自 1990 年以來作了不少努力，來恢復阿拉伯和伊斯蘭的地標性遺址，將雅法改造為一個旅遊景點。然而這裡的很多街區依然貧窮，阿拉伯人口還是多數，但是變化已經開始，新進的住民已經使一些地區「雅皮士」（Yuppie）化，出現了多樣性。

　　這裡最著名的地標性建築當屬中心地段的「時鐘廣場」（The Clock Square）和廣場上的「時鐘塔樓」（Clock Tower）。它位於北部的雅非（Yefet）大街正中央，塔樓由石灰石建成。

◀圖 15-3 時鐘廣場和時鐘塔樓在雅法最著名的中心地段。

鐘樓建於 1900 年，為的是紀念奧斯曼蘇丹阿卜杜勒哈米德二世（Abd al-Hamid II）統治 25 周年的「銀禧」（Silver Jubilee）。資金來自民間捐贈，包括阿拉伯人與猶太人。

　　鐘樓 1900 年 9 月破土，一年內建完兩層。1903 年鐘樓成功聳立。

　　當年為慶祝同樣的銀禧，整個奧斯曼帝國建造了類似的鐘樓共一百多個，巴勒斯坦地區就有七個，手筆很大。

　　鐘塔樓 1965 年進行過翻新，安裝了新鐘，添加了描述雅法歷史的多彩馬賽克窗戶。塔樓還有一塊區，紀念 1948 年阿拉伯 - 以色列戰爭期間為雅法而犧牲的以色列人。

　　在鐘塔南不到一里處，還有幾個「小」景點。它們是：聖彼得教堂（St. Peter's Catholic Church），祈福橋（Wishing Bridge），十二星座小巷（Zodiac Alleys），拉美西斯門（Ramesses Gate）。

▼ 圖 15-4 從雅法遙望特拉維夫市區。

聖彼得教堂建於 1654 年，紀念基督教早期領袖和主要使徒聖彼得（Saint Peter）。18 世紀後期它兩次被毀又兩次重建，最近的一次裝修是在 1903 年。教堂的一大特點是，它的彌撒用多種語言，包括希伯萊語、英語、西班牙語和波蘭語。

祈福橋是一座二三十米長的鐵橋，相貌平平。但當地人相信這樣的傳說：假如你站在橋上面對大海，手握你的星座（Zodiac），同時觸摸橋體並許一個願，你的願望將會成真。

祈福所需要的星座板，就在附近的十二星座小巷有賣。那個小巷也是個地標，窄巷小街有如迷宮，充斥著各種藝術畫廊及小商品店鋪。它與祈福橋是一個奇妙的「商品鏈」設計！

▲ 圖 15-5 雅法的大清真寺和它的尖塔，離時鐘廣場不遠。

雅法還有一個可供選擇的去處，就是雅法小山上的拉美西斯門。「拉美西斯大帝」（Ramses the Great）是古埃及十九王朝的第三個法老，是埃及帝國最偉大最著名最強大的統治者，後人膜拜其為「偉大的祖先」，他曾幾次對古迦南地區進行過考察與統治。拉美西斯門是一座青銅時代晚期的城門，已有約 3,500 年的歷史，是個重要的考古發現。20 世紀 90 年代大門重建過。

最後，雅法與特拉維夫海灘最南端緊密相鄰，步行走走十來分鐘便到。

Tel Aviv

chapter *16*

全民皆兵
特拉維夫

特拉維夫人口在以色列排名第二，低於耶路撒冷，卻是最重要的國際化大都市，是國家的金融和技術中心。

特拉維夫也是以色列「事實上」的首都。因為絕大多數國家都把大使館設在了特拉維夫（薩爾瓦多和哥斯大黎加除外），以色列也不得不將外交部設在了特拉維夫。

20 世紀雅法人口急劇膨脹，一群猶太人決定離開雅法，來到北面的一片沙丘地上，白手起家建起了一個週邊社區。這就是特拉維夫的雛形。

▼ 特拉維夫白城誕生

那是 1909 年的 4 月 11 日，共有 60 多個猶太家庭參加了這個歷史的聚會。他們在沙丘旁的海灘上收集了 120 多個貝殼，一半白色，一半灰色。參與者的名字寫在白色貝殼上，地塊號寫在灰色貝殼上。一個男孩拿著寫名字的貝殼，一個女孩拿著寫地號的貝殼。兩個小孩分別抽取名字與地塊來匹配，全程有攝影師記錄。土地的分配就這樣「輕鬆」地完成了。這是歷史性的一刻。

一次大戰後，英國接管了巴勒斯坦地區，加上歐洲反猶主義滋長，大量猶太人遷涉來此，特拉維夫人口大增，1925 年時已達三萬以上。30 年代起，大批新式建築開始拔地而起。

這些新型建築的設計師是一批飽受爭議的國際新風格推崇者，他們來到特拉維夫大顯身手。由於這些猶太建築師多受到德國包豪斯（Bauhaus）設計學院的教育，所以這些建築也叫「包豪斯建築」。

包豪斯建築的特點是：樓層不高，方正平頂；窗戶不大，陽臺開闊；玻璃磚石，相間得當；遮陽保暖，美觀實用。由於城中建築外部多為白色或淺白色，故而特拉維夫有「白城」之稱。

截至 20 世紀 30 年代，它是世界上唯一全部採用包豪斯建築的城市。

而且整體城市規劃體現了現代城市發展規劃的基本原則，是世界上國際風格建築最為集中的城市之一。因為這一特色，「特拉維夫白城」（Tel Aviv White City）在 2003 年被聯合國教科文組織指定為世界遺產。

「特拉維夫」是希伯萊語「泉山」的譯音，最早出自猶太復國主義創始人所著的小說。也有人認為，Tel 是「小丘」和「堆積的廢墟」，Aviv 是「春天」，象徵著古代以色列國的毀滅和春天，所以「Tel Aviv」隱含著「涅槃重生」的意思。

以色列 1948 年的獨立，就是在特拉維夫宣佈的，它也隨即成為臨時首都。

特拉維夫現在已是三四十萬人口的經濟之都、金融之都、文化之都、技術之都。作為港口城市，它聯繫著歐亞非三大洲，民風開放，日益歐美化。市區內電影院、劇場、夜總會、迪斯可舞廳等，一應俱全，市郊外衛星城鎮也急劇發展。它有「派對首都」和「不夜之城」之譽，是以色列唯一允許在安息日有所例外、「隨心所欲」的城市。所謂「祈禱在耶路撒冷，遊樂在特拉維夫」，就是它特殊地位的鮮明寫照。特拉維夫兼具現代活力和世界主義特徵，正日益呈現世界級城市的風範，是中東地區生活最昂貴的大城市之一。

▼ 特拉維夫初體驗

　　我坐耶路撒冷汽車總站發車的 480 路公車（車票 17.5 NIS），一個多小時後到達特拉維夫。市內街道井井有條清潔規整，路旁高樓林立繁華大氣。儘管仍是冬季，卻照樣陽光明媚。這是我到特拉維夫的第一個印象：整潔與亮麗。

▲ 圖 16-1 特拉維夫陽光明媚，雖在冬季，依然美觀清新。

汽車抵達站不是總站，而是市北的「Terminal 2000」。將耶路撒冷來的汽車站「單獨」安排在遠離市區，是否有安全方面的考慮？我在想。

在這之前兩個星期的時間裡，我多次進出約旦河西岸，奔波於猶太人與巴勒斯坦人的居民區，沒有遇到騷亂，沒有見過犯罪，我已經不再有提心吊膽，開始忘掉了這裡存在的宗教與民族衝突。我是懷著愉快與放鬆的心情，踏進特拉維夫的。

可就在到達後半小時之內，特拉維夫就告訴我，過於樂觀了。這裡的人們並不認為在一片風和日麗、晴空祥雲之下，便可以高枕無憂了。

我下車後先問好了路，然後看到路旁有個咖啡店，便決定先去吃點喝點，休息一下。

我身背雙肩包，手拖拉杆箱，進了店門。空位子很多，裡面一桌坐著群人。我低頭走到一個桌旁，停下小拉箱，卸下雙肩包。

這時一個聲音傳了過來：Buy food first（先買吃的）！我抬頭，對面又來了一句：You should buy food first（你應該先買吃的）！原來那裡坐著五六個老太太，說話的是其中一個。她們坐在店裡，桌上卻沒有任何飲料或食品，而且都在瞪著我。我做錯什麼了？我問：Why can't I sit down before I buy my food（為什麼我買吃的之前，不能先坐一會兒）？那位老太太手揮舞起來，嗓門更大了，像是要趕我出去。

真是莫名其妙，我不高興了。不吃了，走路！出門時我一轉念，莫非她們懷疑我是亞洲來的伊斯蘭炸彈客？拉包加背包的自殺攻擊手？嘿！街道老大媽防恐隊？這是我到特拉維夫的第二個印象：全民皆兵，草木皆兵？

▼ 著名的特拉維夫海濱白沙灘

　　特拉維夫是一片窄長的綠洲地，海岸線長三四公里。它的海濱以沙質精細、海灘平坦聞名於世，是出名的避暑勝地。精華地集中在與海灘並行的赫伯特・撒母耳（R.Herbert Smauel）大道上，路邊盡是高檔酒店旅館。

　　我到旅館放下行李後，就去了海灘，直到夜幕降臨。第二天一早，我再次沿海灘北上。

　　儘管特拉維夫市內生活與娛樂設施俱全，活動多種多樣，特拉維夫海濱海灘依然是人們遊樂休閒的中心。它的魅力是獨一無二的。

▲ 圖 16-2 與海灘並行的撒母耳大道，是海濱的一條主要街道。

◀ 圖 16-3 海濱白沙灘以沙質
精細、海灘平坦聞名於世。

▶ 圖 16-4 特拉維夫海濱白沙
灘面對地中海，風景秀麗。

◀ 圖 16-5 清晨在海濱沙灘上下
棋的老人們，一種本地小棋。

▶ 圖 16-6 清晨在海濱玩板球健身的老人，中國也有那種板球。

▶ 圖 16-7 風帆滑水，揚帆啟航。

▶ 圖 16-8 群「箏」起舞，點綴藍天。

▲ 圖 16-9 風箏與滑水結合，另一番情趣。

▲ 圖 16-10 夜幕降臨特拉維夫海濱白沙灘。

▼ 尋找特拉維夫白城

特拉維夫「白城」是需要「尋找」的，因為市裡高層建築幢幢，摩天大廈滿城，光芒早蓋過了當年的「白城」小建築。現在它們只是城裡的一部分普通民宅，湮沒在萬樓叢中了。

▲ 圖 16-11 特拉維夫白城中的典型白樓。

市政府早就認識到「白城」的歷史文化意義，在保護和利用方面做了大量工作，體現了猶太人的前瞻眼光與執行能力。

「白城」只有短短的 70 多年歷史，在全球 600 多個世界文化遺產中位於最年輕的遺產之列。目前這一類的現代文化遺產也只有區區 15 個。

▲ 圖 16-12 阿茲里里中心塔樓群，最後那個方形塔樓尚未竣工。

　　城中的一條主街「本耶胡達」大街與海濱撒母耳大道隔街並行，兩邊不時能夠看到期待中的「白樓」，保留維護得相當完好。

　　在 20 世紀 60 年代特拉維夫掀起高層建築風潮的鼻祖，是梅爾建築事務所。其創始人親自設計的夏隆梅厄塔樓（Shalom Meir Tower）樓高 34 層，於 1965 年落成，是當時中東最高的建築，並與歐洲最高的建築並駕齊驅，該記錄一直保持到 1999 年。

　　實際上，摩天大樓也是特拉維夫除了「白城」之外的另一種建築風格，再加上花園城市規劃，這在沙漠乾燥地帶尤其可貴。摩天大廈的代表，是阿茲里里（Azrieli）中心，以樓主姓氏命名。

　　阿茲里里中心是一個複合體，位於城市東隅。它共有三座塔樓，分別是圓塔（Circular Tower）、三角塔（Triangular Tower）、方形塔（Square Tower）。圓塔最高，為 49 層、187 米，1999 年竣工，是特拉維夫最高、以色列第二高的建築。其他兩個塔分別為 46 層 169 米，42 層 154 米，最後竣工是 2007 年。

　　那個最高的圓塔樓，有頂層室內觀景台、高級餐廳，48 層是阿茲里里本人的辦公室，其他層均為外租辦公樓或高檔酒店。

▼ 拉賓廣場與拉賓紀念碑

我的下一個目的地，是去「看望」以色列前總理伊榢克・拉賓（Yitzhak Rabin），他是我心目中的英雄。在特拉維夫他被暗殺的地方，現在是以他命名的廣場。轉個街角處，有他的紀念碑。

拉賓年紀輕輕就從軍入伍，20 左右開始嶄露頭角。25 歲晉升地區副司令兼作戰部長。第一次中東戰爭時作為一名旅長擔起救援五萬猶太人、打通阿拉伯人控制的特拉維夫 - 耶路撒冷交通線的艱巨重任，結果一戰成名。1950 年擔任總參謀部作戰部長，1964 年擔任以色列總參謀長，成為以色列軍隊最高長官。

在以色列與阿拉伯國家的幾次戰爭中，最令人拍案叫絕的當數 1967 年的六日戰爭，當時的以色列總參謀長、軍隊的最高長官就是拉賓。六天之內一氣呵成，取得第三次中東戰爭的完勝，成為世界軍事史上的經典教例。

十年後突襲烏干達機場的「恩德培行動」（Operation Entebbe），拉賓再創奇蹟，在世界反恐史上寫下卓越驚豔的一筆。而決策與主導者正是拉賓。

拉賓的偉大與傳奇在上個世紀下半葉的中東和平進程中依然在延續。他的信念、眼光、堅定、魄力，使全世界第一次迎來了中東和平的曙光。可惜在 1993 年以巴和平協定簽署後的十萬人集會上，拉賓被極右翼分子暗殺。當時的國王廣場群眾集會結束後，拉賓緩步走下臺階，在如潮般湧來的人群前，拉賓邊走邊與熱情的群眾握手，這時他曾突發奇想對身旁的佩雷斯說：你跟我說過，在這個大會上有人要行刺，不知道這人群中有誰會開槍？佩雷斯聽罷視之為「趣談」而一笑置之。可是後來發生的一切使得他的「預感」在冥冥之中不幸而言中！

拉賓廣場在市中心，本耶胡達大街與本古里安大道交接處的幾個街區附近。那是當年群眾集會的地方，以前叫「國王廣場」。

▲ 圖 16-13 特拉維夫市府大樓外形「醜陋」頗有爭議。

　　廣場北面的市府大樓是個有爭議的建築，因其外形「醜陋」。但它畢竟是 20 世紀 60 年代城裡最大和最令人印象深刻的一個建築，所以改造計畫一再拖延未能實施。

　　廣場南端有一個倒立的三角形錐體，那是大屠殺紀念碑。

　　拉賓遇害後的周年之際，拉賓紀念碑在他遇害的確切地點建成。那個地方在廣場的東北角。

　　拉賓紀念碑由一共 16 塊玄武岩「堆」在地上而成，四周有大理石砌成圍欄包著，邊長不到 3 米。這些岩石來自戈蘭高地，「沉沒」於地表，表示

▲ 圖 16-14 拉賓廣場南面三角錐體形的大屠殺紀念碑。

拉賓紮根於大地。擺放的不規則象徵謀殺引起的政治及社會的震撼與激蕩。碑文纂刻在其中一塊突出的大岩石之上。紀念碑前面，靜靜地躺著一簇鮮花。

拉賓堪稱以色列現代史上獨一無二的偉人，我終於有幸來到了他的身旁。

▶ 圖 16-15 拉賓紀念碑位於這位偉人遇害的確切地點。

▼ 文化之都特拉維夫

特拉維夫文化氣息濃郁。大大小小的劇院、博物館、各種文化藝術中心和表演中心遍佈全市。以色列的博物館數量超過世界上任何國家，其中許多在特拉維夫。走在特拉維夫的大街上，到處有雕塑的裝點，甚至在最高法院的莊嚴場合，內部也能看到藝術飾品。

▶ 圖 16-16 最高法院建築內部也不乏藝術飾品。

哈比馬國家劇院（Habima National Theatre）是以色列的國家級劇院，也是第一個用希伯萊語演出的劇院。這裡的演出，代表著以色列戲劇的最高水準。

. 哈比馬劇院是一批猶太人於 1912 年在俄羅斯成立。由於使用希伯萊語並涉及敏感的猶太人題材，一開始就受到沙皇迫害。1918 年後，它在莫斯科藝術劇院主持下運作，才開始 「正規化」並有所起色。1926 年劇

院去海外巡演包括美國，取得了成功，但它的創始人和一些演員決定留在
紐約，劇團正式分裂。其他成員在哈比馬帶領下，於 1928 年將劇團「委
託」給英國託管下的巴勒斯坦地區，並請來莫斯科藝術劇院幫助。在哈比
馬指導下他們在特拉維夫演出成功，並最終贏得了特拉維夫一個永久性的
舞臺，逐步有了全國性劇院的聲望。

1930 年，哈比馬劇院上演了莎士比亞的《第十二夜》，那是世界上
用希伯萊語專業表演莎士比亞的第一次。

哈比馬劇院從 1958 年起被正式認定為以色列的國家劇院，同年獲得
以色列戲劇大獎，那是該獎項第一次頒給一個團體。進入 21 世紀以後，
哈比馬劇院進一步壯大，現在已經擁有 80 多名演員，120 多名工作人員。

哈比馬劇院在 2012 年有過一次長達四年半的裝修，不但重新設計
了建築結構，而且擴大了建築面積。現在的劇院擁有四個大小功能及顏
色各不相同的劇場，它們是：930 座的藍色 Rovina；320 座的薰衣草色
Meskin；220 座的綠色 Bertonov；170 座的木鑲板 Habima。

▼ 圖 16-17 國家級的哈比馬劇院外景。

▲ 圖 16-18 特拉維夫表演藝術中心正面。　▲ 圖 16-19 特拉維夫藝術博物館。

▼ 特拉維夫表演藝術中心

特拉維夫表演藝術中心（Tel Aviv Performing Arts Center）是另一個文化藝術綜合性大院。它包括以色列歌劇院（Israeli Opera）和卡梅里劇院（Cameri Theater）。每年接待的遊客和訪客高達百萬以上。

與特拉維夫表演藝術中心毗鄰的特拉維夫藝術博物館（Tel Aviv Museum of Art）成立於 1932 年，當時用的是特拉維夫第一任市長的住宅，1971 年才搬至現在的地址。館內的收藏包括古典與當代的藝術品，尤其是以色列的藝術。

成立於 1953 年的特拉維夫大學，位於特拉維夫北部近郊，是以色列規模最大的大學，享有盛譽，尤以物理學、電腦科學、化學和語言學系著稱。

◀ 圖 16-20 特拉維夫的街頭雕塑。

凄美 以色列

▼ 特拉維夫和以色列時刻準備著

剛到特拉維夫時咖啡店老大媽的「草木皆兵」讓我感到「誇張」，兩天下來我卻意識到，現實決定了這裡人們的思維模式，特拉維夫時刻準備著。

在多年的以阿衝突中，特拉維夫始終是對方攻擊的首要目標。1991年海灣戰爭的伊拉克飛毛腿導彈襲擊，匆忙安裝的愛國者導彈防禦系統基本無效，致使整個戰爭期間數十近百以色列人死亡，二百多人受傷。

自殺式恐怖攻擊從 1994 直至 2006 那些年算得上是遍地開花，公共汽車、銀行取款機、迪士尼舞廳、海豚水族館、舞蹈俱樂部等，一切都是目標。特拉維夫不得不始終處於某種「準」戰爭狀態。

我在特拉維夫住的小旅館，多的是世界各地的年輕背包客。小客棧成了交流交友好場所，旅館的掌櫃猶太帥哥又熱情多話，我們閒聊機會很多。

猶太帥哥高大魁梧，當過連長。他認為以色列在危險的戰爭狀態之下，應該主動出擊。我說起咖啡店的老太太，他聳聳肩，表示能夠理解。

談到結束不久的黎巴嫩南部與真主黨之戰，他一肚子憋屈，覺得遠不如六日戰爭的痛快淋漓。他說：怕什麼國際輿論？政客就是顧忌太多。陸軍一下子開進去，打它個唏哩嘩啦，誰能說什麼？說了又怎麼樣！？他揮起右拳，狠狠地在空中砸了一下。

這是美景之外，特拉維夫留給我的最後一個印象：以色列人憂患意識強烈，強硬派大有人在。

特拉維夫在國家四面環敵的情勢之下，奇蹟般發展為全球著名都市。它名列世界金融中心第三十八位，僅居阿布達比（Abu Dhabi）和科威特城之後。《新聞週刊》將它列為世界十大最具影響力的高科技城市。《經濟學人》譽之為 「小型洛杉磯」和「矽溪」（Silicon W ADi）。它生活

▲ 圖 16-21 哭牆廣場
列隊而過的以色列軍
人，時刻準備著！

成本已經攀升，2007 年排名世界昂貴第七，緊隨紐約、都柏林，先於羅馬、維也納。它每年遊客已超一百萬。

　　在所有以色列城鎮中，特拉維夫最正面、最全面地展示了以色列推行民主、實行法制、管理國家、建設家園的堅韌精神與卓越能力。如果說，耶路撒冷老城反映了猶太人悲慘的過去，那麼特拉維夫則代表了以色列國家大有希望的未來！

　　與此同時，特拉維夫與整個以色列全民皆兵，時刻準備著！

▶ 圖 16-22 去往聖殿山
通道旁的武裝軍人，時
刻準備著！

◀圖 16-23 耶路撒冷老城街巷裡的年輕士兵們,時刻準備著!

◀圖 16-24 鬧市區的武裝軍人,時刻準備著!

▲ 圖 16-25 一手拿書一手拿槍的年輕女兵,時刻準備著!

特拉維夫和以色列,時刻準備著!

▼ 全部景點一覽及作者評分

耶路撒冷老城 Jerusalem Old City ★★★★★

哭牆（Wailing Wall）★★★★★
聖墓教堂（Church of the Holy Sepulchre）★★★★★
苦路（Via Dolorosa）★★★★★
聖殿山（Temple Mount）★★★★★
圓頂清真寺（Dome of the Rock）★★★★★
阿克薩清真寺（Al-Aqsa Mosque）★★★★★
拱頂鏈（Dome of the Chain）★★★★
大衛塔博物館（Tower of David Museum）★★★★★
耶路撒冷的城牆（Walls of Jerusalem）★★★★
大馬士革門（Damascus Gate）★★★★

耶路撒冷錫安山 Mount Zion ★★★★★

錫安山（Mount Zion）★★★★
錫安門（Zion Gate）★★★★
最後的晚餐地（Cenacle）★★★★★
大衛王墓（King David's Tomb）★★★★★

耶路撒冷橄欖山 Mount Olive ★★★★★

客西馬尼園（Gethsemane）★★★★★
瑪利亞墓（Tomb of the Virgin Mary）★★★★★
萬國教堂（Church of All Nations）★★★★
猶太人公墓（Mount of Olives Jewish Cemetery）★★★★★

汲淪溪谷（Kidron Valley）★★★
多明尼克・弗萊維特教堂（Dominus Flevit Church）★★★

耶路撒冷新區 Jerusalem New City ★★★★★

蒙特菲奧雷風車磨坊（Montiflore Windmill）★★★
耶路耶撒冷劇院（Jerusalem Threatre）★★★
總統居住地（President's Residence）★★★★
聖經大地博物館（Bible Lands Museum）★★★
十字架修道院 （Monastery of Cross）★★★
本耶胡達步行街 （Ben Yehuda Street）★★★★★
馬哈雷耶胡達市場（Mahane Yehuda Market）★★★★★
市政府大樓及廣場（City Hall & Square）★★★
拉賓賓館（Rabin Guesthouse）★★
法蘭西聖母大院（Notre Dame de France）★★★★

死海度假區 De AD Sea ★★★★★
瑪薩達 Mas ADa ★★★★★
埃拉特 Eilat ★★★★
佩特拉 Petra ★★★★★

金恩神石（Djinn Blocks）★★★★
方尖碑（Obelisk Tomb & Bab As-Siq Triclinium）★★★★
阿爾麥特倫隧道（Al-Muthlim Tunnel）★★
西克峽谷（As-Siq）★★★★★
卡茲涅金庫寶殿（Al-Khazneh Treasury）★★★★★
大劇院（Threatre）★★★★
烏爾姆墓（Urn Tomb）★★★★★
宮殿陵墓（Palace Tomb）★★★★

羅倫薩陵墓（Sextius Florentinus Tomb）★★★
代爾修道院（ AD-deir Monastery）★★★★★
穆薩谷鎮（W ADi Musa）★★★★
瓦迪拉姆（Wudi Rum）★★★★★

安曼 Amman ★★★★

候賽因大街（King Hussein Street）★★★
安曼古城堡（Amman Cit ADel）★★★★★
考古博物館（Archaeological Museum）★★★
皇家宮殿（Royal Palace）★★★★
阿卜杜拉國王清真寺（King Abdullah I Mosque）★★★★
大侯賽尼清真寺（Grand Husseini Mosque）★★★★★
羅馬露天劇場遺址（Roman Amphithreatre）★★★★★
露天市場西克（Souq）★★★
羅馬噴泉遺址（Roman Nymphaeum Amman）★★★
聲樂門遺址（Odeon）★★
約旦國會大廈（Parliament Building）★★★★

拉馬拉 Ramallah ★★★★

馬拉納廣場（Al-Manara Square）★★★★
穆卡塔（Mukata'a）★★★★★

伯利恒 Bethlehem ★★★★★

市政廣場（Manger Square）★★★★
聖誕教堂（Church of the Nativity）★★★★★
聖凱薩琳教堂（Church of St. Catherine）★★★★
聖約瑟夫教堂（Chapel of Saint Joseph）★★★
奧馬爾清真寺（Omar Mosque）★★★★

雅法 Jaffa ★★★

時鐘廣場（The Clock Square）★★★★★
時鐘塔樓（Clock Tower）★★★★★
聖彼得教堂（St. Peter's Catholic Church）★★★★
祈福橋（Wishing Bridge）★★★★
十二星座小巷（Zodiac Alleys）★★★★
拉美西斯門（Ramesses Gate）★★★

特拉維夫 Tel Aviv ★★★★★

特拉維夫海濱白沙灘（Tel Aviv Beach）★★★★★
赫伯特・撒母耳（R.Herbert Smauel）大道 ★★★★★
特拉維夫白城（White City）★★★
拉賓廣場（Rabin Square）★★★★★
拉賓紀念碑（Rabin Memorial）★★★★★
哈比馬國家劇院（Habima National Theatre）★★★★
特拉維夫表演藝術中心（Performing Arts Center）★★★★
特拉維夫藝術博物館（Tel Aviv Museum of Art）★★★

▼ 以色列歷史大事記

事件	年代	內容
以色列人入迦南	20-12 世紀 BC	創世紀年代，以色列人征服迦南人。
亞拉伯罕移居迦南	1800 BC	亞拉伯罕離開美索不達米亞去迦南。
以色列人去埃及	1700 BC	以色列人因為災難離開迦南去埃及。
以色列人出埃及	1250 BC	摩西帶領以色列人離開埃及，中途停西奈，摩西接十戒。
以色列石碑	1209 BC	埃及法老摩納坦石碑提及「以色列」，又稱「以色列石碑」。
以色列聯合王國建立	1050 BC	歷經掃羅、大衛、所羅門三代後分裂。
第一聖殿建成	957 BC	所羅門王建聖殿，存放「約櫃」。又稱「所羅門聖殿」。
以色列聯合王國分裂	930 BC	北方加利利 10 部落分裂出去為以色列王國，南方耶路撒冷為首都是猶大王國。
亞述滅以色列王國	720 BC	以色列人 10 個部落及其後人從此消失。
巴比倫滅猶大王國	586 BC	巴比倫佔據耶路撒冷，猶大國的猶太人放逐巴比倫（今伊拉克），史稱「巴比倫之囚」
第一聖殿被毀	586 BC	巴比倫王尼布甲尼撒打敗亞述人，征服全以色列。
波斯征服巴比倫	538 BC	波斯王居魯士打敗巴比倫，允許猶太人回迦南，授權建第二聖殿。
摩西五經完成	519 BC	猶太教重新振興。
第二聖殿建成	515 BC	第二聖殿花時 23 年最終建成。
亞歷山大大帝統治	333 BC	希臘影響日增，亞歷山大帝國打敗波斯人。

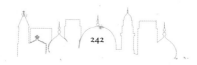

事件	年代	內容
塞琉西統治	200 BC	亞歷山大死後,他的將軍塞琉西奪取「以色列之地」,建立塞琉西王朝。
馬卡比統治	167 BC	塞琉西迫害激起猶太人造反,猶太人馬卡比建立「哈斯莫內」王朝。
羅馬時代	63 BC	哈斯莫內王朝內亂,羅馬介入。
希律王統治	37 BC	羅馬任命希律王代治猶大省。
第二聖殿擴建	37 BC	希律王擴建第二聖殿,並建瑪薩達城堡宮殿。
耶穌誕生	西元元年	耶穌生於伯利恒,長於拿撒勒,傳道於加利利。
猶太人第一次大起義	66 AD	又稱第一次猶太 - 羅馬戰爭。羅馬統治殘暴,民族關係緊張。
第二聖殿被毀	70 AD	羅馬當局殘酷鎮壓起義,重新掌控耶路撒冷,並毀壞聖殿。
瑪薩達陷落	73 AD	猶太人大起義的最後堡壘瑪薩達被攻破,猶太人自治國家從此消亡近 2000 年。
基督教興起	73 AD	遠離耶路撒冷的加利利成為猶太教和基督教佈道中心,基督教尤其活躍。
猶太人第二次大起義	132 AD	羅馬王哈德良禁止猶太教割禮及猶太教其他活動,引發猶太人起義。羅馬殘酷鎮壓。猶太人世界性大流亡開始。
羅馬王發佈米蘭敕令	313 AD	羅馬第一位基督教信徒君士坦丁大帝發布米蘭敕令,允許各種宗教活動。
羅馬王扶植基督教	323 AD	君士坦丁大帝統一東羅馬帝國,同時進一步利用、扶植、控制基督教。
羅馬皇后海倫娜來訪	326 AD	羅馬皇后海倫娜來到聖地尋找指認耶穌遺物與遺址。後建立聖墓教堂。
基督教成為羅馬國教	392 AD	羅馬後代王狄奧多西一世廢除一切舊有宗教,基督教為唯一合法宗教,成為羅馬國教。
羅馬帝國分裂	395 AD	基督教義分歧,羅馬同意與東部教會不一致,最後導致羅馬帝國分裂。
拜占庭時代	4-7 世紀	君士坦丁堡(今伊斯坦布爾)成為東羅馬帝國(拜占庭帝國)首都,統治巴勒斯坦地區。

事件	年代	內容
伊斯蘭興起	610 AD	穆罕默德總結猶太人失敗原因，提出他的新信條，超越猶太教和基督教。第一次傳授主的啟示。伊斯蘭興起。
穆罕默德去世	632 AD	穆罕默德的信徒壯大。
阿拉伯人進入	636 AD	先知穆罕默德死後沒幾年，伊斯蘭進入巴勒斯坦。
	638 AD	先知第二位接班人奧馬爾打敗拜占庭，開始1300年的伊斯蘭統治。祈禱面向由耶路撒冷改為麥加。
十字軍東征	1009 AD	阿拉伯人法蒂瑪改變前任哈里發的包容政策，耶路撒冷基督徒和猶太人受到迫害。
	1095 AD	教宗號召十字軍東征。
	1099 AD	第一次十字軍東征奪取耶路撒冷。
	1147 AD	第二次十字軍東征。
	1189-1248 AD	第3、4、5、6次東征繼續。
	1270 AD	最後一次十字軍東征失敗。
薩拉丁大敗十字軍	1187 AD	埃及的阿拉伯人（庫爾德族）薩拉丁在哈丁大敗十字軍，奪回耶路撒冷。
馬木魯克統治	1291 AD	埃及馬木魯克奪取（巴勒斯坦地區）阿卡，正式結束十字軍近二百年統治，開始其2個世紀的統治。
奧斯曼帝國時期	1431 AD	奧斯曼軍隊奪取君士坦丁堡，帝國擴展至巴爾幹、中東、北非。
	1516 AD	奧斯曼軍隊奪取巴勒斯坦地區。
猶太復國運動	1896 AD	匈牙利出生猶太人赫茲爾撰寫《猶太國》，提出猶太復國主義理論和綱領。
	1897 AD	第一屆世界猶太復國主義者大會在瑞士巴塞爾召開。
英國代管	1917 AD	英國外長發表「貝爾福宣言」，支持猶太人在巴勒斯坦建國。英國軍隊開進耶路撒冷。

事件	年代	內容
聯合國決議 獨立建國	1947 AD	英國對剛成立兩年的聯合國提交巴勒斯坦問題，美蘇意外達成協議建立以色列、巴勒斯坦兩個獨立國家，瓜分巴勒斯坦。
以色列宣佈立國	1948 AD	英國離開巴勒斯坦，以色列馬上宣佈獨立建國。
第一次阿以戰爭	1948 AD	阿拉伯聯軍以軍隊人數絕對優勢突然發動戰爭。結果卻是以色列大贏。
六日戰爭	1967 AD	又稱第三次中東戰爭。以色列對毗鄰的埃及、敘利亞、約旦發動閃電式襲擊，六天結束戰事，取得大勝，是 20 世紀軍事史上最具有壓倒性結局的戰爭之一。
大衛營協議	1978 AD	美國、埃及、以色列在美國總統休養地大衛營會談並簽署中東和平綱要及埃及 - 以色列和平條約綱要。
巴勒斯坦第一次起義	1987 AD	一名猶太人用卡車衝進加沙的巴勒斯坦難民營，壓死四人，引發抗議。主要是自發的罷工及小規模扔石子暴力，引起以色列佔領更多的巴勒斯坦土地。
奧斯陸協議	1993 AD	以色列總理拉賓與巴勒斯坦解放組織主席阿拉法特在挪威首都奧斯陸秘密會面後達成和平協定。和平進程的里程碑。
拉賓被暗殺	1995 AD	以色列極右勢力反對「土地換和平」。
沙龍訪問聖殿山	2000 AD	以色列領導人沙龍強行訪問被巴勒斯坦人視為尊貴禁地的聖殿山，引發巴勒斯坦第二次起義暴力衝突。
巴勒斯坦第二次起義	2000 AD	開始引入恐怖暴力，炸彈自殺攻擊。
沙龍建隔離牆	2002 AD-2003 AD	沙龍總理建隔離牆，全長約 700 公里，基本沿著六日戰爭前的停火線（綠線），但有延伸。
阿拉法特去世	2004 AD	10 月底開始不適，11 月在法國治療期間死亡。死亡原因引起爭議。
哈馬斯贏得議會選舉	2006 AD	激進的哈馬斯贏得立法委（議會）多數席位。
哈馬斯控制加沙	2007 AD	與法塔赫在一系列衝突中獲勝，奪取了加沙地帶的控制權，法塔赫退守約旦河西岸。從此巴勒斯坦分裂為兩個政權。

國家圖書館出版品預行編目資料

淒美以色列 / 邢協豪 著

--初版-- 臺北市：博客思出版事業網：2018.07
ISBN：978-986-96385-5-5 (平裝)

1.遊記 2.以色列

735.39   107009455

淒美以色列

作　　者：邢協豪(行寫好)
編　　輯：塗宇樵
美　　編：陳勁宏
封面設計：塗宇樵
出 版 者：博客思出版事業網
發　　行：博客思出版事業網
地　　址：台北市中正區重慶南路1段121號8樓之14
電　　話：（02）2331-1675 或（02）2311-1691
傳　　真：（02）2832-6225
E—MAIL：books5w@gmail.com或books5w@yahoo.com.tw
網路書店：http://bookstv.com.tw/
　　　　　http://store.pchome.com.tw/yesbooks/
　　　　　博客來網路書店、博客思網路書店、
　　　　　三民書局、金石堂書店
總 經 銷：聯合發行股份有限公司
電　　話：（02）2917-8022　　傳　真：（02）2915-7212
劃撥戶名：蘭臺出版社　帳號：18995335
香港代理：香港聯合零售有限公司
地　　址：香港新界大蒲汀麗路３６號中華商務印刷大樓
　　　　　C&C Building, ３６,Ting, Lai, Road, Tai,Po, New,Territories
電　　話：（852）2150-2100　　傳真：（852）2356-0735
經 銷 商：廈門外圖集團有限公司
地　　址：廈門市湖里區悅華路８號４樓
電　　話：86-592-2230177　　傳　真：86-592-5365089
出版日期：2018年07月 初版
定　　價：新臺幣380元整（平裝）
ＩＳＢＮ：978-986-96385-5-5